Un potager
sur mon balcon

Sommaire

Un potager
sur mon balcon

GRANT AND CUTLER LTD

635

Direction éditoriale
Catherine Delprat

Édition
Agnès Dumoussaud,
assistée de Julie Lecomte

Lecture-correction
Catherine Maillet

Direction artistique
Emmanuel Chaspoul

Mise en pages
Sylvie Sénéchal

Couverture
Véronique Laporte

Fabrication
Annie Botrel

© Larousse 2009

ISBN : 978-2-03-583857-5

Les légumes du balcon

Préparer
le balcon

Le potager à portée de main

Il n'est pas nécessaire de disposer d'une grande terrasse sur le toit de sa maison pour pouvoir cultiver et récolter quelques légumes ! Un ou deux bacs et jardinières, ou quelques pots, à condition qu'ils soient bien exposés, suffisent pour savourer le plaisir de produire soi-même...
En revanche, il faut quand même être lucide, et savoir que quelques contenants ne remplaceront jamais un véritable potager, même s'il ne fait que 50 m². Il est donc illusoire de penser pouvoir nourrir sa famille avec les récoltes du balcon. Il faut considérer ce potager suspendu comme un jardin de poche qui offre le plaisir quotidien de voir pousser ses légumes, puis celui de déguster les tomates cerises « du jardin » pour l'apéritif, ou de s'approvisionner en herbes fraîches pour la cuisine

QUEL TYPE DE LÉGUMES CULTIVER EN POT ?

> **Deux critères essentiels** doivent guider votre choix : une **taille** et un **encombrement** relativement modestes des légumes, ainsi qu'une croissance rapide pour profiter des beaux jours dès les premières récoltes. Les variétés « naines » proposées sur le marché sont bien adaptées à la culture en pot, mais il ne faut pas s'y limiter. La laitue à couper ou les radis connaissent aussi une croissance express, ce qui est parfait pour les pots. Les tomates cerises sont quant à elles incontournables, même si elles sont un peu plus exigeantes pour le jardinier qui va s'occuper de leur petit univers...

Toutes les aromatiques (ici basilic) se plaisent en pot sur un balcon.

> Dans les **fiches** de cet ouvrage, nous vous recommandons les **variétés** les plus adaptées à la **culture en pot** ou **en bac**, mais aussi des **variétés originales** qui, au prix de quelques efforts, vous gratifieront d'un feuillage ou de fruits décoratifs aussi bien sur pied que dans l'assiette.

LA BONNE ORIENTATION POUR UN BALCON ?

> Si votre balcon est orienté à l'**est** ou au **nord**, il ne reçoit que peu de soleil au cours de la journée. Il est idéal pour prendre le frais en été, mais peu propice à la culture de nombreux légumes, en particulier ceux qui produisent des fruits. Mais tout n'est pas perdu, et vous pouvez cultiver les poirées, incontestablement les reines de l'ombre. Les poirées colorées comme 'Ruby Chard' sont très décoratives, mais les vertes seront plus goûteuses. Les radis de tous les mois et les laitues sont rapidement indisposés par les fortes chaleurs estivales, et ils apprécieront également cette exposition protégée...

> Sur les balcons très ensoleillés, exposés **plein sud**, adoptez les tomates, les poivrons, les aubergines et les

courgettes, légumes gourmands en chaleur, à condition de pouvoir les arroser régulièrement.

> Les expositions **ouest** sont idéales pour nombre de légumes qui pourraient « cuire » sur un balcon trop ensoleillé pendant la journée. C'est l'emplacement rêvé pour les légumes-racines comme les betteraves ou les carottes.

CE QU'IL FAUTSAVOIR

LES RÉGLEMENTATIONS

> Avant de se lancer dans l'aménagement des terrasses et balcons, il est donc impératif de prêter attention à la **réglementation**, car en cas d'accidents, la responsabilité civile des habitants peut être engagée. Voici un pense-bête des contacts les plus importants qu'il faut prendre avant toute installation :

• **Consulter le service de l'urbanisme** de la ville pour prendre connaissance des réglementations et arrêtés locaux. Attention, ils peuvent être différents au sein même d'une commune, selon la classification des zones urbanisées.

• **Consulter les règlements de copropriété** car ils comportent souvent moult détails, restrictions et autres limitations par rapports aux règles d'urbanisme de la commune.

• Un point que l'on néglige le plus souvent : **éviter de surcharger les balcons ou les terrasses** avec un poids total supérieur à la charge admissible, et qui pourrait détériorer à la longue le bâtiment, voire provoquer de graves accidents humains. La charge maximale est souvent de l'ordre de 350 kg/m², mais il est sage de toujours se renseigner auprès du propriétaire, de l'architecte, du syndic, etc., pour obtenir un document écrit sur cette caractéristique technique.

• **Pour les aménagements et travaux conséquents des balcons et terrasses**, comme l'installation de pergolas ou de claustras, il est sage de déposer un dossier d'aménagement de terrasses de particulier à la mairie, afin d'éviter tout conflit ultérieur avec le voisinage.

CALCULER LE POIDS DES ÉQUIPEMENTS

> Un balcon est généralement une construction « accrochée » à un mur, et cette installation suspendue au-dessus du vide (ou des balcons des étages inférieurs) ne peut pas recevoir n'importe quelle charge. Il est donc essentiel de bien prendre en compte le poids des bacs, des pots et jardinières avec leurs équipements, celui du terreau, des plantes, etc., ainsi que celui du ou des jardiniers lors de l'aménagement d'un balcon...

• **Sachez qu'un sac de terreau** de 40 litres pèse environ 12 à 15 kg, et qu'il faut compter de 20 à 50 % en plus quand il est mouillé (après un arrosage, par exemple). Dans un bac de 60 x 30 cm, trois sacs seront nécessaires. Ainsi, un bac en bois de cette dimension peut accuser sur la balance, 10 kg pour le bac, jusqu'à 65 kg pour le terreau, 5 kg de graviers pour le drainage, plus quelques kilos pour les roulettes, la soucoupe de récupération des eaux, les plantes, les éventuels tuteurs, etc. Soit un poids de presque 85 kg pour une jardinière qui n'abritera peut-être que deux pieds de tomates et trois salades !

Un support pour le tuyau d'arrosage est indispensable pour ne pas le voir traîner et vous faire trébucher.

> Pour autant, il ne faut pas dramatiser, toutes les constructions récentes disposent de balcons qui peuvent très bien supporter les potagers. Ce petit calcul est juste destiné à sensibiliser les jardiniers qui souhaiteraient aménager balcon ou terrasse dans un vieil immeuble…

UNE QUESTION DE BON SENS

• **Disposez toujours les pots et jardinières** à l'intérieur des rambardes et autres garde-corps, et, si les supports ne disposent pas de systèmes prévus à cet effet, pensez à attacher les contenants aux supports pour éviter que le vent les fasse basculer quand les plantes sont bien développées.

• D'une façon générale, **ne choisissez pas des plantes de dimensions disproportionnées** par rapport au contenant ou à votre balcon, car elles risquent d'être exposées aux intempéries et, surtout, au vent.

• **Veillez à l'entretien régulier** de votre « jardin suspendu » et à la gestion des déchets, afin de ne pas laisser les voisins subir les chutes de débris végétaux, fruits abîmés, etc.

UNE ARRIVÉE D'EAU SUR LE BALCON ?

> Rares sont les balcons et terrasses équipés d'une arrivée d'eau ! Il s'agit d'un « oubli » fréquent des architectes qui ne pensent pas à l'arrosage des plantes ni au simple nettoyage de cette « pièce extérieure ». Les fabricants de produits d'arrosage proposent déjà quant à eux des tuyaux en spirale qui ne prennent pas de place sur un balcon, mais encore faut-il disposer d'un robinet pour y raccorder ledit tuyau…

> Si vous n'avez pas ce robinet providentiel sur votre balcon ou votre terrasse, il vous reste deux solutions pour amener l'eau ponctuellement en raccordant un tuyau d'arrosage à la maison : utiliser un raccord de type « prise d'eau voleuse » à fixer à l'extrémité d'un col-de-cygne sans pas de vis, ou bien fixer un robinet perceur sur un tuyau d'arrivée d'eau existant et facile d'accès depuis le balcon…

• **Une prise d'eau voleuse** est un raccord automatique de type Gardéna. D'un côté, elle dispose d'une ouverture avec joint caoutchouc, à serrer autour du

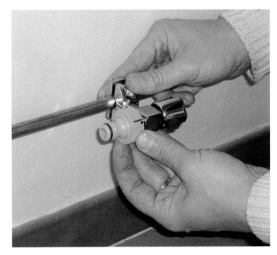

Le robinet perceur permet de créer un point d'eau près du balcon, sans couper ni souder le tuyau de cuivre.

nez du bec-de-cygne avec un écrou papillon, afin d'assurer l'étanchéité. De l'autre côté, elle est pourvue d'un raccord mâle standard pour y raccorder d'un clic un tuyau équipé du raccord femelle… Idéal pour les robinets en cuisine, mais inutilisable sur les robinets à becs plats des salles de bain.

• **Un robinet perceur** est un robinet monté sur une bride, qui se pose sur un tuyau de cuivre existant, sans le couper ni souder quoi que ce soit : il faut bien repérer d'abord la canalisation d'eau froide. Fermez ensuite la vanne d'alimentation en eau générale. Ouvrez un robinet dans la maison pour évacuer l'eau sous pression dans le réseau. Séparez la bride du robinet. Desserrez si nécessaire les colliers de fixation du tuyau avant de pouvoir l'écarter du mur et passer la bride. Nettoyez le tuyau au papier de verre. Fixez la bride en serrant fermement avec un tournevis. Vissez le robinet sur la bride jusqu'au perçage automatique de la canalisation de cuivre. En fin de serrage, immobilisez le robinet verticalement ou horizontalement selon la disposition des lieux, et de telle manière qu'il soit possible de raccorder le tuyau sans le couder. Serrez le robinet sur la bride avec une clé plate. Raccordez le tuyau d'arrosage et ouvrez la vanne générale. Vérifiez l'étanchéité de l'installation. Si tout va bien, fermez le robinet perceur, et replacez les colliers de fixation. Vous avez maintenant un nouveau robinet dédié au balcon.

Prévoyez toujours des soucoupes d'un diamètre supérieur d'environ 5 cm à celui de la base du pot.

COLLECTER LES EAUX D'ARROSAGE…

> Si l'arrivée d'eau est un souci sur un balcon, la **collecte et la récupération des eaux d'arrosage** en est une autre, et sans doute encore plus difficile à gérer. La plupart des balcons disposent en effet d'un ou plusieurs orifices d'évacuation des eaux de pluie, avec généralement, à l'extérieur du balcon, un morceau de tuyau qui dirige cette eau vers le bas, le plus souvent sur le balcon, la terrasse ou le rez-de-jardin du voisin ! Si ce système est acceptable pour les eaux de pluie, il est bien évidemment impensable d'évacuer ainsi les eaux d'arrosage du potager en bacs, chargées de particules de terreau…

> Il est donc impératif de placer des **soucoupes** sous tous les pots et bacs, afin de récupérer l'eau qui n'a pas été retenue par le mélange terreux. Et là vous comprenez rapidement l'avantage de poser des **roulettes aux grands bacs**, ou bien de surélever les pots sur des **supports à roulettes**. Les soucoupes sont en effet faciles à glisser sous les contenants pour les vider de leur contenu lorsqu'elles sont pleines. Vider, oui, mais où ? Surtout pas dans les WC ou dans l'évier de la cuisine, mais plutôt dans un seau, une vieille bassine ou un baquet placé à l'ombre sur le balcon, et dans lequel il sera facile de plonger l'arrosoir pour les prochains arrosages…

> Quant aux jardinières accrochées à la balustrade (à l'intérieur du balcon, bien sûr), il suffit de laisser s'écouler l'eau en excès dans les bacs du dessous, équipées desdites soucoupes…

QUELS CONTENANTS ?

> Si, pour le terreau, le choix peut s'avérer délicat ou fastidieux, vous avez l'embarras du choix pour les contenants, sachant que vous devez appréhender le sujet tant d'un point de vue esthétique que pratique.

• **Pensez à l'esthétique** d'abord, car pots et jardinières doivent composer un décor agréable. N'hésitez pas à varier les formes, les dimensions et les matières.

• **Songez à l'aspect pratique** et du jardinier ensuite, car il faut compter une profondeur effective minimale de terreau de 20 cm, et même 30 cm pour les carottes ou les gourmandes tomates. Quant au diamètre, il ne doit jamais être inférieur à 20 cm. En fait, en optant pour des grands contenants, vous pouvez cultiver un plus grand nombre de plantes, d'où un effet plus spectaculaire et des chances accrues de belles récoltes. Oubliez donc les traditionnelles jardinières à géraniums accrochées à la rambarde, sauf pour quelques espèces pour lesquelles nous le précisons dans les fiches consacrées à chaque légume dans cet ouvrage ! Préférez enfin toujours les contenants disposant de chaînes, de poignées ou de tout autre équipement permettant de les soulever.

> Vous pouvez utiliser des pots, des jardinières, des bacs, des suspensions, des demi-tonneaux, un vieil arrosoir, un seau…

LE MATÉRIAU IDÉAL ?

> Compte tenu des contraintes de charges sur les balcons ou même les rebords de fenêtre, il est sage

Optez pour des bacs disposant de poignées, elles facilitent grandement les manipulations !

ment, et sèchera aussi très vite, obligeant à des arrosages plus fréquents.

- **Les matériaux peu épais** transmettent rapidement la chaleur au terreau et aux racines. Il y a donc non seulement accélération de l'assèchement du terreau, mais, surtout, risque de brûlures irrémédiables des racines.

- **Les matériaux poreux**, comme la terre cuite, permettent au terreau de « respirer » à travers leurs parois ; en revanche, ils retiennent moins l'humidité dans le substrat.

PENSER AUX SUSPENSIONS

> Si les dimensions de votre balcon sont réduites, ou bien si vous ne disposez que des rebords de fenêtre, pensez à utiliser des suspensions que vous pouvez accrocher au plafond ou au mur. Dans ce cas, il faut savoir que le contenant est forcément peu profond, et que vous ne pourrez y cultiver que des plantes peu exigeantes, comme des aromatiques méditerranéennes. Mais ce sera déjà bien agréable ! Un substrat

de privilégier les matériaux légers, comme le plastique plutôt que la terre cuite, le bois plutôt que le béton ou le métal… Ces contenants seront du reste bien plus faciles à manipuler. Mais si la marge supportable par le balcon est importante en matière de poids, rien ne vous empêche d'utiliser le matériau de votre choix.

D'un point de vue pratique, n'oubliez pas toutefois que :

- **Les matériaux de couleur foncée** absorbent davantage la lumière et la chaleur que les matériaux de couleur claire, le terreau se réchauffera alors rapide-

IL EST INTERDIT DE…

… suspendre des jardinières à l'extérieur de la rambarde. N'oubliez pas que vous êtes responsables des dégâts que vous pourriez occasionner chez les voisins des niveaux inférieurs, ainsi que des accidents qui peuvent survenir dans la rue à cause d'un pot de fleur mal accroché.

Accrochez toujours les suspensions au-dessus d'un bac. Ce dernier récupérera ainsi les eaux d'arrosage en excès.

très allégé est ici de rigueur pour réduire le poids de l'ensemble. Ce qui n'empêche pas d'utiliser de solides chevilles pour fixer le crochet ou la patère…

UTILISER AUSSI L'ESPACE VERTICAL

> Si la place fait défaut sur votre balcon, ou tout simplement pour accroître la surface végétalisée, pensez aussi à utiliser les murs, les cloisons séparatives, les rambardes et autres parois verticales pour cultiver des légumes grimpants. Les tomates si on ne les taille pas, les haricots dits à rames, les courgettes, etc., peuvent ainsi être guidés sur un treillis solidement fixé sur une paroi du balcon. Il suffit alors de placer un bac ou une jardinière le long de ladite paroi, et d'y installer les plantes alpinistes. Ce qui n'empêche pas de semer ou planter des légumes « bas » au pied de ces filles de l'air, comme des laitues, des radis, etc.

> Au lieu de fixer des supports sur les parois du balcon, pensez aussi à utiliser des structures toutes faites du commerce, en obélisque, en colonne ou de toute autre forme, sur lesquelles vous mettrez vos bacs ou vos jardinières. Les plantes installées au milieu du balcon trouvent alors un support pour leurs branches coureuses. Et si vous êtes un tantinet bricoleur, procurez-vous des tuteurs en bambou, puis réalisez vos propres structures en les liant entre elles avec le « trombone du jardinier » (www.botaniqueeditions.com).

LA PRÉPARATION DES POTS ET DES BACS

OPTIMISER LE DRAINAGE DU TERREAU

> **L'asphyxie des racines par « noyade »** est la principale cause d'échec de la culture des légumes en bacs et en jardinières. Non seulement les terreaux du commerce sont souvent insuffisamment drainants pour évacuer l'eau d'arrosage en excès, mais les contenants disposent de trop peu d'orifices d'évacuation, quand ils existent ! Avant de remplir le bac et qu'il devienne impossible à manipuler ou à retourner à cause de son poids, n'hésitez pas à optimiser ce dispositif d'évacuation de l'eau.

• **Munissez-vous d'une perceuse** équipée d'un foret de 10 mm de diamètre (à bois, à métaux ou autres matériaux selon le type de contenant), et percez le fond tous les 10 cm. Ne craignez pas de voir s'échapper le terreau par ces orifices, car vous ferez par la suite en sorte de le retenir dans le contenant.

Ce sont surtout les bacs en plastique qui ne disposent pas de trous. Percez-les avec un foret à bois ou à métal. Attention, appuyez modérément et laissez le foret pénétrer dans le plastique tout seul. Si vous forcez trop, vous risquez de fendre le plastique sur toute la largeur du pot !

• **Vous pouvez aussi pratiquer quelques trous** sur les parois des grands bacs en bois. À défaut de servir à l'évacuation de l'eau, ces orifices participent à l'aération du mélange terreux, et donc à son assainissement.

Fixés au mur avec de solides chevilles, les treillages peuvent accueillir les légumes et les fleurs grimpantes. Pensez-y !

Préparer un grand bac en bois

1 Percez le fond
Avec une perceuse-visseuse sans fil, perforez le fond du bac retourné, pour assurer l'évacuation des eaux d'arrosage en excès.

2 Fixez des roulettes
Procurez-vous au moins 4 roulettes à bandage dur pour ne pas marquer le sol du balcon lors des déplacements du bac, et fixez-les avec des vis en inox.

3 Isolez le terreau
Pour mettre les racines des plantes à l'abri des températures extrêmes, glissez de simples feuilles de polystyrène le long des parois.

4 Drainez le bac
Pour éviter toute accumulation d'eau dans les couches de terreau inférieures, épandez une épaisse couche de gravillons à isoler du terreau avec une toile perméable.

FACILITER LA MOBILITÉ DES POTS

Nous l'avons vu dans le cadre de la limite de charge d'un balcon, un grand pot ou une jardinière remplis de terreau et de plantes pèsent lourd – jusqu'à 70 kg et plus – et leur déplacement est malaisé. Or, sur un balcon ou une terrasse, il faut pouvoir déplacer pots et bacs pour nettoyer, pour mettre en avant une scène plus qu'une autre, ou faire profiter du soleil une plante particulière, pour glisser facilement les soucoupes sous les orifices d'évacuation, ou encore simplement pour intervenir plus facilement lors des travaux de plantation ou de récolte.

• **Il est donc sage de profiter du moment où le bac est vide** et retourné, pour le doter de roulettes. Prévoyez-en quatre au minimum pour assurer une bonne stabilité au contenant et choisissez des modèles solides pour supporter de lourdes charges.

• **Pour les pots en terre cuite** ou **en matériau reconstitué**, vous pouvez aussi les poser sur des supports à roulettes. Il en existe des ronds, des carrés, de différentes tailles, avec ou sans rebords, en bois ou en métal… Évitez les pots hauts et de faible largeur, car leur équilibre est instable lorsqu'ils sont installés sur un support mobile.

GEL OU CANICULE :
UNE BONNE ISOLATION

> Les racines des légumes plantés ou semés en bacs et jardinières sont exposées aux températures extrêmes, froides en hiver, chaudes et desséchantes au cours de l'été, saison où les légumes sont les plus présents au balcon. Le bon sens commande donc d'être attentif à la préparation des contenants avant leur remplissage de terreau…

C'est difficile à imaginer, mais la température peut monter de manière impressionnante dans le terreau d'un bac exposé en plein soleil ! En plein été, les racines qui se développent à l'extérieur de la motte, contre la paroi du bac, peuvent être brûlées comme un morceau de viande sur un gril…

> Pour isoler la terre et les racines, des fortes chaleurs estivales mais aussi des gelées hivernales, le polystyrène s'impose comme le matériau le plus simple à mettre en œuvre. Léger et vendu en plaques de quelques millimètres d'épaisseur dans les grandes surfaces de bricolage, il se coupe facilement au cutter pour s'adapter aux dimensions de tout contenant. Il est même assez souple pour se courber et épouser la forme des pots ronds.

> Découpez le polystyrène à la demande en veillant à faire s'arrêter les plaques à 10 cm du haut du bac pour les garder invisibles une fois les plantations réalisées. N'oubliez pas enfin de tapisser aussi le fond du contenant. N'ayez aucune crainte pour l'évacuation de l'eau : elle s'effectuera facilement entre les plaques.

INDISPENSABLE :
LA COUCHE DRAINANTE

> Quels qu'ils soient, les terreaux sont composés de beaucoup de matière organique, un constituant qui retient beaucoup l'humidité. Certaines plantes potagères peuvent pâtir de cette présence d'eau permanente. Pour maintenir le mélange terreux, et donc les racines, à l'abri de l'humidité excessive, garnissez toujours le fond du contenant avec une couche drainante composée de graviers, de cailloux, de morceaux de pots brisés, de billes d'argile expansée… Comptez une

épaisseur de 20 à 25 % de la hauteur totale du contenant. Pour empêcher le terreau de s'immiscer entre les tessons, recouvrez cette couche drainante avec un morceau de feutre de jardin, de toile de jute ou de tout autre produit perméable à l'air et à l'eau.

> Attention, certains grands bacs à parois démontables peuvent laisser s'échapper le terreau par les jonctions entre les parois, lors des arrosages. Pour éviter ce désagrément, pensez à faire remonter le feutre de jardin le long des parois, contre le polystyrène, au fur et à mesure du remplissage en terreau.

LE BON TERREAU
POUR LES LÉGUMES ?

> Si le potager familial se pratique dans une « bonne terre de jardin », il en est tout autrement dans des jardinières sur un balcon ou sur une terrasse ! Dans un pot ou un bac, la « vraie » terre est beaucoup plus difficile à ameublir qu'au jardin, que ce soit par bê-

Ce texte au dos des sacs de terreau permet de vérifier la présence d'argile ou de terre, de compost ou de fumier.

chage ou bien avec un outil qui ne retourne pas la terre, type Grelinette ou griffe rotative. Elle finit donc par se tasser, compromettant alors le développement des légumes-racines comme les carottes ou les radis, et surtout, la bonne infiltration de l'eau d'arrosage.

> Sur un balcon ou sur une terrasse, n'oubliez pas qu'il faut tout monter à la main, les bacs, les plantes, les accessoires, et la « terre » ! Même s'il est toujours possible (et utile !) de récupérer de la « vraie » terre dans le jardin d'un ami, il faudra la monter, dans des seaux, dont les poignées sont bien pratiques. Et la terre, c'est lourd. On utilise donc de préférence du terreau, avec des mélanges tout faits du commerce, ou bien avec un mélange que l'on réalise soi-même.

LES QUALITÉS D'UN BON TERREAU POUR LE BALCON

> Par définition, les terreaux sont toujours vendus en sacs fermés, et il est impossible pour le consommateur de saisir le produit dans la main pour juger de sa granulométrie, ou pour vérifier qu'il ne forme pas une pâte noire et compacte lorsqu'on le presse dans le creux de la main. Aucun distributeur n'a encore pensé à disposer un sac ouvert devant chaque palette… Il faut donc se rabattre sur des critères visibles et palpables de l'extérieur.

• **La légèreté.** C'est important pour le transport de la jardinerie au domicile, puis du parking jusqu'au balcon, puis enfin pour le balcon, dont la charge ne doit pas être excessive (voir page 10). De ce point de vue, les terreaux du commerce sont toujours plus légers que la « vraie » terre. Il n'y a donc rien à craindre. Cependant, il y a terreau et terreau. Selon les ingrédients qui le composent, un sac de 40 litres de terreau peut ainsi peser de 12 à 18 kg. Il est donc préférable d'opter pour le plus léger…

• **Un bon terreau.** Essayez toujours de choisir un « bon » terreau, dont les qualités rejoignent celles de la « vraie » terre. Les conditions de culture sur un balcon sont déjà artificielles pour les légumes, il faut donc leur donner toutes les chances pour qu'ils puissent se développer rapidement et vous donner pleine satisfaction. Un bon terreau à légumes comporte le

Laissez quelques centimètres libres en haut du bac pour réaliser semis et plantations sans faire tomber de terreau.

plus souvent de l'argile, plus un amendement organique ou un compost qui boostera les plantes. Ainsi, lors de l'achat, il est important de toujours retourner le sac et de lire la composition du contenu. Ces informations obligatoires se trouvent généralement dans un encadré.

FAUT-IL PRENDRE UN TERREAU « POTAGER » ?

> Comme les produits de traitement et les engrais, les terreaux s'affichent de plus en plus pour un usage particulier. Les terreaux « potager » sont donc tout indiqués s'ils comportent les éléments cités dans le paragraphe précédent. Mais ils ne sont pas les seuls, et un terreau « fraisiers » ou un terreau « géraniums » seront tout aussi efficaces s'ils comportent eux aussi de l'argile et du compost !

Il faut en revanche examiner à deux fois la composition des terreaux qualifiés d'universels ou d'horticoles. Vous constaterez qu'ils ne présentent pas souvent les bons éléments.

Une grande bassine ou un bac à rempotage sont utiles pour réaliser les mélanges de sable ou de perlite avec le terreau.

QU'EST-CE QUE LA PERLITE ?

La perlite est une roche volcanique que l'on fait chauffer. Elle prend alors l'aspect de petites billes blanches, légères, poreuses et friables. Elle permet aux plantes, donc aux légumes, de produire beaucoup de racines, ce qui leur permet de très bien se nourrir. On obtient donc facilement de beaux légumes. L'eau s'infiltre par ailleurs au cœur des billes de perlite par capillarité. Ce matériau tient donc l'eau à disposition des plantes et permet de limiter les arrosages. On la trouve en sacs, en jardinerie dans les rayons cactées, ou dans les grandes surfaces de bricolage.

DES TRUCS SIMPLES POUR ALLÉGER LE TERREAU

Si vous ne trouvez pas de bons terreaux, avec argile et compost, il est toujours possible de réaliser votre propre mélange au sous-sol ou sur le parking de l'immeuble, puis de le monter sur votre balcon.

• **Procurez-vous du terreau « plantation »**, ou « balcon », puis procédez au mélange de ce terreau, avec de la terre de jardin fournie par un ami jardinier, puis avec de la perlite, dans les proportions de 50 %, et deux fois 25 %. La terre de jardin, si possible prélevée dans un potager, va apporter l'argile et la matière organique, alors que la perlite va alléger le mélange.

• **Une fois le mélange effectué,** replacez-le dans les sacs de terreaux pour vous faire une idée du volume de substrat obtenu (en litres).

> Vous pouvez aussi remplacer la perlite par du polystyrène broyé, c'est-à-dire présenté sous forme de billes en vrac. Ce matériau ne retient pas l'eau, mais allège considérablement le terreau, et contribue à son drainage. Il est ainsi particulièrement recommandé pour les substrats qui doivent recevoir les plantes aromatiques méditerranéennes, comme le thym, qui craignent les excès d'eau au niveau de leurs racines. Vous pouvez d'ailleurs l'utiliser pour alléger un « bon » terreau, en effectuant un mélange comprenant 1/3 de polystyrène. Le polystyrène se trouve facilement chez les distributeurs de matériaux ou, comme la perlite, dans les grandes surfaces de bricolage.

COMBIEN DE TERREAU VOUS FAUT-IL ?

• **Pour un grand bac** de 30 x 60 cm et 40 cm de profondeur, comptez 20 litres de graviers + 120 litres de terreau.

• **Pour un petit bac** de 30 x 30 cm et 30 cm de profondeur, comptez 10 litres de graviers + 50 litres de terreau.

> Attention, sous l'appellation « terreau », nous désignons ici le mélange terreux. Ainsi, si vous mélangez le terreau du commerce avec de la terre de jardin ou du polystyrène, il vous faudra au départ acheter moins de terreau…

L'engrais est-il nécessaire ?

Ce n'est pas obligatoire, mais cela peut donner un petit coup de pouce, surtout pour les récoltes de fin d'été. Certains terreaux sont déjà pourvus en engrais, mais ils sont rares. Si vous utilisez ce type de terreau, il est inutile d'en apporter d'autres que les plantes n'utiliseraient pas…

Pour tous les autres, ainsi que pour les mélanges terreux que vous préparez vous-même, il faut opter pour les engrais à diffusion lente, à incorporer lors du remplissage du bac. Ainsi, les légumes bénéficient d'un apport régulier tout au long de leur croissance.

LES ENGRAIS À AVOIR SOUS LA MAIN

• **Les paillettes de corne** apportent surtout de l'azote. Elles sont donc à retenir pour les bacs et pots accueillant des légumes verts comme les laitues, les choux, la mâche, les poirées, etc. Elles ont un ef-

fet plus durable que la corne dite torréfiée.

• **Le phosphate naturel (1)** est utile pour la formation des fleurs et des graines, donc pour nombre de légumes-fruits comme les haricots, les tomates…

• **La potasse organique (1)** est nécessaire à la formation des racines et des fruits. Vous aurez compris que les radis, carottes et betteraves en seront friands, mais aussi les courgettes, poivrons et tomates.

• **Les engrais aux algue**s et les **purins d'orties (2)** agissent comme des fortifiants qui permettent entre autres aux plantes de développer davantage de racines, et donc d'augmenter leur capacité à puiser de la nourriture dans le terreau. Des légumes bien nourris sont aussi plus beaux !

• **Les stimulateurs Osiryl et Mycor (3** et **4)** produisent comme leur nom l'indique des effets bénéfiques sur la croissance des légumes.

La nappe chauffante en plastique se glisse sous la miniserre. Il suffit de brancher pour maintenir une température douce et constante jusqu'à la levée.

LE MATÉRIEL NÉCESSAIRE

Il n'est pas utile de se suréquiper pour jardiner sur son balcon, d'autant plus que va se poser rapidement le souci du rangement de ce matériel. Avec un potager familial, on peut toujours prévoir un abri de jardin, ou un peu de place au garage avec la voiture. Mais sur un balcon, à moins de posséder beaucoup d'espace pour installer un abri étagère, il faut s'équiper juste et utile.

POUR LES SEMIS DE PRINTEMPS

● **La miniserre chauffante** est incontournable pour effectuer les semis en godets de tourbe à la maison dans une pièce inoccupée. Il en existe plusieurs tailles, dont certaines pouvant n'accueillir que 8 godets, ce qui est amplement suffisant pour les besoins d'un potager de balcon ! Elles sont constituées d'un bac rectangulaire en plastique et d'un couvercle, en plastique également, mais transparent. Après y avoir installé et arrosé les godets, il suffit de glisser la nappe chauffante sous la serre, puis de la brancher sur le secteur. La nappe diffuse alors une douce chaleur dans la serre, favorisant ainsi la levée des semences.

> La miniserre ne prend pas beaucoup de place sur une petite table devant une fenêtre et peut être facilement rangée dans un placard à partir du mois de mai, en attendant les semis de l'année suivante.

● **La serre de balcon** est un équipement plus conséquent. Elle ne dispose pas de chauffage, mais permet de conserver les plantes les plus frileuses à l'abri des vents et des froids les plus sévères, au cours des mois d'hiver. Elle permet aussi d'assurer la transition entre la miniserre chauffante et le balcon. Ainsi, les plantes issues de semis réalisés au chaud peuvent d'abord être placées dans la serre de balcon à partir d'avril, par exemple, pour s'endurcir avant d'être installées dans leur bac définitif dès que les nuits les plus froides ne sont plus à craindre.

> Cette serre est généralement en bois, mais il en existe aussi en aluminium, plus légères. Leur vitrage est en polycarbonate, plus solide et plus isolant que le verre. Les portes s'ouvrent et le dessus peut se soulever pour libérer la chaleur en cas d'ensoleillement important.

Faciles à utiliser, les godets de tourbe garantissent la reprise rapide des plants dans les pots et bacs sur le balcon.

• **Les godets de tourbe** sont ces « pots » que l'on croirait en carton. Ils sont constitués en fait d'un mélange de sous-produits du bois puis de la tourbe, et moulés en forme de pots, ronds ou carrés, de tailles différentes. Les modèles carrés de 8 cm de côté sont les plus appropriés au potager sur balcon. L'énorme avantage de ces pots est qu'on peut y semer les graines de légumes, que les plants s'y développent et qu'on peut les planter directement dans le bac ou le pot. Le godet se désagrège tout seul dans la terre ou le terreau. Atout supplémentaire, il n'y a plus de godets en plastique polluants à éliminer.

LES OUTILS UTILES

> À chaque printemps, on voit fleurir de nouvelles gammes d'outils pour balcon, qui ne sont en fait que des déclinaisons des outils de jardin classiques : petites pelles, petites fourches, petits râteaux, petites griffes rotatives, etc., et même petits balais à gazon !

• Attention, ne vous laissez pas piéger, car bien souvent, un simple **transplantoir** suffit pour tout faire… Et il suffit de le laisser planté dans un des pots pour toujours l'avoir sous la main !

Le tuyau poreux irrigue doucement les légumes, sans gaspillage. On peut lui adjoindre un programmateur.

• Il est un autre outil qui sert beaucoup au printemps mais qui ne se trouve pas dans les panoplies jardinières, c'est une **petite taloche en plastique** pour tasser les semis. C'est en grande surface de bricolage qu'il faudra la chercher.

• **Le semoir en plastique** avec couvercle transparent est pratique pour semer les graines fines, l'ouverture du magasin étant réglable pour s'adapter aux différentes tailles de graines.

ET POUR L'ARROSAGE ?

> Le souci, sur un balcon, est qu'il y a souvent un voisin au-dessus, avec un balcon, et que par conséquent la pluie ne parvient jamais sur le vôtre. L'arrosage est donc encore plus important que dans un potager familial, même s'il pleut !

Le semoir en plastique translucide permet de mieux contrôler le nombre de graines que l'on dépose au fond du sillon. Indispensable pour les graines fines !

• **L'arrosoir** reste le seul outil vraiment pratique sur un balcon. Il faut le choisir de taille moyenne (10 litres au maximum) afin qu'il soit peu encombrant quand il ne sert pas, et pas trop lourd quand il s'agit de le soulever pour arroser bacs et potées en hauteur. La pomme ne sert à rien. En revanche, un bec long et fin permet d'aller arroser au pied de chaque plante sans mouiller

Récupérer les eaux de pluie ?

Si vous avez la chance d'avoir une descente de gouttière qui passe par votre balcon, peut-être pouvez-vous installer un récupérateur d'eau ? Le modèle Babaz s'installe sans avoir à couper la gouttière.

1 Montez une scie cloche sur une perceuse sans fil, et percez le tube selon le diamètre indiqué sur le produit.

2 Installez la bride en faisant bien correspondre le trou dans la descente de gouttière avec l'orifice de la bride.

3 Introduisez l'écope et son robinet. Il ne reste plus qu'à fixer un simple tuyau pour diriger l'eau vers un bac, un seau, etc. Quand ce dernier est plein, il suffit de tourner le bouton du récupérateur pour que l'eau ne soit plus interceptée et continue à descendre dans le tube.

le feuillage. Ce qui est la meilleure méthode pour ne pas provoquer de maladies. L'idéal est de l'associer à un grand récipient qui sert à récupérer les eaux de pluie depuis une descente de gouttière qui traverse le balcon, ou à vider les soucoupes sous les bacs. Ainsi, pour remplir l'arrosoir, il suffit de le plonger dans le récipient qui contient toujours une eau à température ambiante.

● **Le petit pulvérisateur** à main permet d'arroser en pluie fine tous les semis, sans risquer de déplacer les graines. Indispensable pour les semis réalisés en miniserre à la maison.

● Si vous avez la chance de disposer d'**un robinet sur le balcon**, il vous est possible d'y raccorder un tuyau poreux à faire serpenter entre les légumes, et passant de bac en bac. Il s'agit d'un tuyau en plastique recyclé et dont la qualité essentielle est d'être percé ! Sa paroi est en effet microporeuse. Ainsi, quand il se remplit d'eau, celle-ci traverse doucement les parois qui semblent comme transpirer. C'est l'idéal pour arroser doucement, sans bruit ni gaspillage. Vous pouvez même monter un programmateur au niveau du robinet, pour décider de la durée et de la fréquence des arrosages.

LES DISPOSITIFS DE PROTECTION

> Sur un balcon, les conditions sont souvent extrêmes. Il peut y faire très chaud en plein été, mais aussi très froid à cause de l'exposition au vent lors des autres saisons. Une exposition ensoleillée est parfaite pour la plupart des légumes, surtout les légumes à fruits comme les tomates, les poivrons, les aubergines, etc. Toutefois, il faut savoir que les légumes-racines apprécient un peu de fraîcheur, sinon d'ombre, aux heures les plus chaudes de la journée.

● **Si votre balcon est orienté plein sud**, équipez-le d'un store pour modérer les ardeurs du soleil. À défaut, un simple parasol peut permettre aux espèces sensibles de supporter facilement la canicule.

● **Au printemps,** mais surtout en fin d'été si l'on souhaite prolonger la période de récolte des légumes-fruits, il est sage de jeter tous les soirs un voile d'hivernage sur ses plantes pour les mettre à l'abri de la

Au printemps comme en fin de saison, couvrez vos bacs et potées avec un voile d'hivernage pour mettre vos plantes à l'abri de la fraîcheur nocturne.

Un simple parasol incliné et solidement attaché à la rambarde suffit à protéger les légumes fragiles des ardeurs du soleil aux heures les plus chaudes de la journée.

fraîcheur nocturne. Une protection à retirer le lendemain dès que les rayons du soleil réapparaissent sur le balcon.

● **Afin de réaliser de substantielles économies d'eau,** ne faites pas l'impasse sur le **paillage** dans tous les pots et bacs. En retenant la fraîcheur dans le terreau, vous devrez moins arroser, et vos plantes s'en porteront mieux. Si vous ne souhaitez pas acheter un grand sac de produit de paillage qui deviendra vite encombrant sur le balcon, pensez à **la toile de jute**, très efficace et facile à couper aux dimensions de ses pots. Humiwool est composé de granulés de laine compactés. Très pratique pour les pots !

● **Les terrasses ensoleillées sont parfois prisées par les mouches blanches** et autres parasites volants des légumes, que vous avez vous-même fait venir sans le vouloir, avec des plants achetés dans le commerce. Pour les détruire, piquez un piège à glu jaune dans chacun des bacs de la terrasse. Attirés par la couleur, les indésirables vont s'engluer sur le piège. Remplacez ce dernier quand il est couvert d'insectes.

Les légumes du balcon

Aubergine

Utilisez une miniserre

L'aubergine est une plante très frileuse, et le moindre gel grille tout son feuillage. Mais comme sa culture est longue, il est impératif de la semer à la maison pour espérer obtenir des fruits au cœur de l'été. Heureusement, on peut aussi acheter des plants qu'il suffit d'installer directement sur le balcon…

QUELLES VARIÉTÉS ?

'Cristal' est une variété qui peut produire plusieurs fruits par pied en culture en pot. 'Slim Jim' semble faite pour la culture sur balcon ou terrasse. Elle présente en effet un port trapu de seulement 40 cm de haut, donc moins encombrant et moins sensible au vent, et produit des fruits ronds et violets de la grosseur d'une balle de golf. 'Picola' (voir photo p. 32) produit des aubergines à la forme traditionnelle, mais de taille réduite.

Par curiosité, il est aussi possible de cultiver la 'Plante aux Œufs' une aubergine à fruits ovoïdes blancs, de taille semblable aux œufs de poules.

Aubergine 'Plante aux Œufs'. ▷

Bloc-notes

* **EXPOSITION** : plein soleil.
* **NOMBRE DE PLANTS** : 1 sachet pour la saison, ou bien 2 ou 3 plants.
* **DIMENSIONS DU POT** : grand bac de 30 x 30 cm.
* **QUAND PLANTER** : de février à avril.
* **TERRE** : humifère et fraîche.
* **QUAND RÉCOLTER** : 5 mois après le semis.

Réussir ses semis d'aubergines

L'aubergine se multiplie par semis. Mais comme c'est une plante très frileuse, il faut la semer sous miniserre chauffée, bien à l'abri à la maison, avant de la planter dans son pot sur la terrasse, quand tout risque de gel est écarté. Il faut compter environ deux mois entre le semis et le repiquage. Ainsi, au nord de la Loire, il faut savoir attendre la fin mai pour l'installer dehors. Le semis doit donc avoir lieu au mieux à la fin mars. Plus on descend vers le Midi, plus on peut la sortir de bonne heure, et donc semer d'autant plus tôt. Sur la Côte d'Azur, on la sème en février.

1 Semez les aubergines en godets de tourbe remplis de terreau pour semis et placez-les dans une miniserre chauffée, dans une pièce de la maison, ou bien en véranda.

2 Déposez 3 graines par godet, espacées de 2 à 3 cm, en triangle. Enfoncez-les avec le doigt de manière à les recouvrir de 1 cm de terreau bien tamisé.

3&4 Tassez avec les doigts, puis arrosez en pluie fine pour bien humecter le substrat.

5 Fermez la serre. La levée se produit en 8 à 10 jours. Approchez alors la miniserre d'une fenêtre.

Un mois plus tard, arrachez, dans chaque godet, les deux plants les moins vigoureux afin de faciliter le développement de celui qui reste. Saisissez-les entre le pouce et l'index, par la base, puis soulevez-les simplement. Tassez avec les doigts autour du plant conservé, car il peut avoir été déraciné lors de l'arrachage des deux autres. Arrosez immédiatement pour bien remettre le terreau en contact avec les racines. Vous pouvez désormais arrêter le chauffage et garder la miniserre entrouverte en permanence.

> AUBERGINE

LE CONSEIL DU « PRO »

*Pour vous épargner les contraintes
du semis, vous pouvez aussi vous procurer
des plants d'aubergines en godets, proposés
à la vente en jardinerie, et les installer
aux mêmes périodes que les plants issus
de votre propre semis. Si la belle saison
est trop courte dans votre région, portez
votre choix sur des plants greffés. Ils
produisent des fruits plus rapidement
que les plants traditionnels.
Pour favoriser la formation de fruits,
n'hésitez pas à tailler vos plants : coupez
la tige principale 2 cm au-dessus de la
deuxième fleur. Courant juillet, de nouveaux
rameaux vont apparaître. Taillez-les à leur
tour 2 cm au-dessus de la première fleur, etc.*

QUEL POT ?

L'aubergine pousse bien en terre profonde et riche en compost. Sur le balcon, il faut donc l'installer dans un grand bac, d'au moins 30 x 30 cm, où le substrat se tasse moins, et avec une profondeur de terreau d'au moins 30 cm, en plus de la couche drainante. L'aubergine adore les sols humides. Elle acceptera donc de pousser dans des contenants aux parois imperméables, en métal ou en plastique.

QUELLE TERRE ?

Il lui faut une terre très riche en matière organique. La culture en bac rempli de bon terreau lui convient donc tout à fait ! Un terreau « plantation », mélangé pour moitié à du sable de Loire, fait bien l'affaire.

QUEL ENTRETIEN ?

Il suffit ensuite de maintenir le terreau frais pour que les plants poussent régulièrement. Quand les plants viennent à toucher le couvercle de la mini-serre, ouvrez-la complètement. Deux semaines avant la période prévue pour l'installation en bac, sortez quotidiennement votre miniserre sur le balcon aux meilleures heures de la journée, afin de les endurcir. Ainsi, dès avril dans le Midi, et pas avant fin mai au nord de la Loire, installez vos plants dans leur bac définitif, avec leur godet de tourbe dont les parois doivent être déjà traversées par les racines. La surface du godet peut être enterrée de 2 ou 3 cm. L'aubergine a besoin d'espace. Ne plantez donc rien à moins de 25 cm de chaque plant, et comptez 40 cm au minimum entre deux plants. Arrosez copieusement, au pied de l'aubergine. Paillez pour retenir l'humidité. Ce n'est pas toujours nécessaire, mais vous pouvez ficher un tuteur en bambou au pied de chaque plant, pour attacher (sans serrer) la tige principale au fur et à mesure de son développement. Placez enfin le bac de telle manière qu'il reçoive un maximum de soleil.

L'ASTUCE CUISINE

*Les aubergines sont toujours meilleures si elles sont
consommées dans les heures qui suivent la récolte.
Si vous n'avez que 1 ou 2 fruits, coupez-les pour
en faire des petits canapés que vous couvrirez de
farce à la viande et aux champignons.
Passez au four. Idéal pour un apéritif !*

Comptez 5 mois entre le semis et le début
de la récolte. Si tout va bien, vous pourrez
cueillir votre premier fruit fin juillet. Les
aubergines se récoltent au fur et à mesure des
besoins, quand elles sont bien brillantes et
souples sous la pression des doigts, sans être
ramollies. Saisissez le fruit d'une main
et coupez le pédoncule avec un sécateur.
Attention, les restes du calice de la fleur sont
souvent épineux !

▽ De grands pots sont nécessaires pour la culture des aubergines.

Basilic

Ayez-le à portée de main

Emblème des amoureux chez les Romains, le basilic est très cultivé autour de la Méditerranée, et il constitue d'ailleurs l'un des éléments incontournables du pistou, une délicieuse sauce provençale. C'est une plante condimentaire herbacée qui pousse très bien en pot ou en jardinière sur le balcon, et même sur un simple rebord de fenêtre. Pour qu'il se développe rapidement et produise de nombreuses pousses, il faut l'installer en plein soleil, dans un terreau qui ne se tasse pas et, surtout, qui ne se transforme pas en éponge quand on l'arrose.

Bloc-notes

* **EXPOSITION** : plein soleil.

* **NOMBRE DE PLANTS** : 4 ou 5 pour la saison.

* **DIMENSIONS DU POT** : seul dans un pot de 15 x 15 cm, ou en association dans un grand bac.

* **QUAND PLANTER** : à partir d'avril, après les dernières gelées.

* **TERRE** : meuble, bien drainée.

* **QUAND RÉCOLTER** : 1 mois après la plantation, au fur et à mesure des besoins.

QUELLES VARIÉTÉS ?

Si on parle souvent du basilic, on oublie qu'il existe plusieurs variétés qui se distinguent par leur couleur, la forme de leurs feuilles et surtout leur parfum ! Sur le balcon, il faut ainsi savoir apprécier 'Cannelle' et 'Réglisse' dont le nom évoque le parfum de la plante, mais aussi 'Vert fin compact' race Latino, au feuillage très parfumé, 'Mrs Burns', à la saveur citronnée, sans oublier 'Purple Ruffles', aux grandes feuilles pourpres découpées, idéal pour décorer les plats.

QUEL POT ?

Le basilic pousse dans tous les contenants, mais le terreau sèche parfois trop vite dans les pots de terre cuite. Installez-le donc plutôt dans des récipients métalliques, voire des pots en plastique, et même de vieilles gamelles de cuisine glanées sur les brocantes ! Offrez-lui simplement une quinzaine de centimètres de diamètre, sur autant de profondeur, sans tenir compte de la couche drainante.

Planter le basilic en godet ou en conteneur

Si l'on n'est pas exigeant sur la variété, il est beaucoup plus simple d'acheter des plants en godets au mois de mai, et de les planter directement en pot ou en bac.

1 Les plants vendus en godets ou en conteneurs plastiques, sont cultivés dans un mélange à base de tourbe. Pour garantir la reprise, il est indispensable de bien humecter la motte avant la plantation, pendant 10 minutes environ.

2 Préparez l'emplacement dans le bac ou le pot rempli du mélange terreux. Avec un transplantoir tenu comme un poignard, faites un trou d'une profondeur équivalente à la hauteur de la motte.

3 Ouvrez la main en écartant les doigts pour les passer entre les tiges de basilic, et retournez le conteneur. Avec l'autre main, pressez sur les parois, et retirez délicatement le conteneur pour ne pas briser la motte.

4 Déposez doucement la motte dans le trou, le sommet devant affleurer la surface du terreau dans le bac. Comblez de terreau tout autour de la motte, puis tassez sans excès pour bien mettre les racines en contact avec leur nouvel environnement.

5 Arrosez immédiatement, au tuyau ou avec un arrosoir sans sa pomme, en dirigeant le jet directement sur le terreau, autour de la motte, là même où vous avez comblé le trou.

> BASILIC

QUELLE TERRE ?

Le basilic préfère les terres riches en humus, ce dernier entretenant la fraîcheur exigée par les racines. Le terreau « plantation » est tout à fait adapté, à condition qu'il ne contienne pas de matière organique mal décomposée. Pour vous en assurer, mettez le nez au-dessus du sac ouvert : il ne doit pas sentir mauvais ni dégager de chaleur. Comme ce substrat ne doit pas retenir trop d'eau qui risquerait d'asphyxier les racines, il est indispensable de le mélanger avec du sable de rivière, de la perlite ou de la pouzzolane, à raison de 3/4 de terreau pour 1/4 d'un de ces éléments.

Réussir ses semis de basilic

Lorsque l'on souhaite cultiver des variétés originales ou peu courantes, le basilic doit être semé.

1 Les graines de basilic exigent de la chaleur pour germer et sortir de terre. Faute d'une température suffisamment douce au jardin, vous devez donc les semer à la maison, en miniserre chauffée, à la mi-mars. Branchez la nappe chauffante 24 heures avant, afin que le terreau soit au moins à 15 °C lors du semis effectif.

2 La finesse des graines de basilic commande d'utiliser un petit semoir à main pour éviter de gaspiller de la semence en formant des paquets qu'il faudrait par la suite éclaircir. Dans une partie de la terrine (inutile de vider tout le paquet, 4 ou 5 pieds vous suffiront), répartissez les graines sur un terreau pour semis préalablement égalisé et un peu tassé.

3 Recouvrez d'une fine couche de terreau, puis tassez avec une planchette. Arrosez immédiatement en pluie fine. Fermez la miniserre et placez-la à la lumière, près d'une fenêtre.

4 Repiquez les plants quand ils ont entre 2 et 4 feuilles, c'est-à-dire environ un mois après le semis. Soulevez-les délicatement avec une fourchette, en essayant de conserver une petite motte de terreau autour des fines racines. Déposez les plants un par un dans des godets de tourbe de 8 à 9 cm de diamètre, dans un mélange 3/4 terreau + 1/4 sable. N'enterrez pas la tige et tassez délicatement pour ne pas casser les racines. Arrosez immédiatement en pluie fine et conservez les godets sous abri à 15 °C au minimum, et à la lumière.

5 Plantez les godets dans leurs pots définitifs à partir de la mi-mai généralement, en tout cas dès que les risques de gelée sont écartés. Vous pouvez enterrer le godet de tourbe, il va se désagréger tout seul, et les racines vont coloniser leur nouvel environnement. Arrosez alors copieusement et placez le pot sur le balcon, en évitant le plein soleil durant la première quinzaine, pour que le feuillage ne brûle pas.
Si vous plantez votre basilic en bac avec d'autres plantes, respectez une distance de 25 cm environ.

SOS Le basilic ne se connaît pas d'ennemis ! En revanche, il est sensible à la « fonte des semis », qui se traduit par la disparition des jeunes plantules juste après la levée, comme si elles avaient fondu. Pour éviter cette mésaventure, il faut veiller à ne pas semer les graines trop serré, à ne pas imbiber le terreau lors des arrosages, puis à entrouvrir la miniserre pour assurer une bonne aération au niveau des plantules.

QUEL ENTRETIEN ?

Coupez les extrémités des pousses tous les quinze jours afin de faciliter le départ d'autres ramifications. Vous pouvez utiliser une paire de ciseaux, ou simplement pincer les pousses entre les ongles du pouce et de l'index. La plante sera ainsi plus touffue et plus garnie en sommités parfumées. Pincez également tous les boutons et toutes les fleurs avant leur développement. Sinon, la plante dépense de l'énergie à produire des fleurs, alors que c'est son feuillage qui est recherché. Le basilic produit ainsi jusqu'à la première gelée, qui lui est fatale. Vous pouvez alors l'arracher et le jeter. Le « terreau » est vraisemblablement épuisé. Ne le conservez pas pour une prochaine culture, et donnez-le plutôt à un ami qui le jettera sur son compost.

▽ En cultivant les plantes aromatiques en pots séparés, vous pouvez plus facilement les rassembler près de la cuisine en période de cueillette !

LES BONS MARIAGES

Le basilic se plaît tout à fait seul en pot, ce qui permet d'ailleurs de modifier facilement la décoration du balcon en fonction de l'état des plantes. Il gagne cependant à être cultivé à proximité des tomates, car son parfum tient certains parasites à distance. Il est du reste souvent utilisé en cuisine avec des tomates, et la récolte se trouve donc facilitée.

Le feuillage graphique des aromatiques et des condimentaires permet de belles associations avec des plantes purement décoratives. ▷

LA RÉCOLTE

Elle peut débuter environ 3 mois après le semis. C'est la raison pour laquelle il ne faut pas semer après la mi-avril pour pouvoir profiter de la plante dès le début de l'été. Cueillez les feuilles au fur et à mesure des besoins, et si possible juste avant de les utiliser en cuisine. Prélevez simplement les extrémités, sur 5 cm environ, en les coupant avec une paire de ciseaux.

L'ASTUCE CUISINE

Les feuilles de basilic s'utilisent crues, finement coupées et non hachées, pour parfumer les salades de tomates et les mayonnaises, mais aussi dans les plats chauds comme la ratatouille ou les aubergines farcies. Dans tous les cas, saupoudrez toujours le basilic au dernier moment, juste avant de servir, pour mieux profiter de son parfum.

BETA VULGARIS

Betterave

Goûtez sa saveur sucrée

La betterave potagère n'est pas véritablement un joli légume, mais elle pousse bien sur un balcon si elle peut bénéficier de beaucoup de soleil. C'est davantage une plante pour épater les copains qui auront le plaisir de partager un repas avec vous...

QUELLES VARIÉTÉS ?

La betterave la plus facile à réussir est la variété classique et courante 'Plate Noire d'Égypte', qui se contente d'une profondeur de terre réduite, et plus particulièrement la race Émir. Pour les balcons et les terrasses très ensoleillés, il est toutefois préférable de retenir la variété 'Red Cloud', plus adaptée aux fortes chaleurs. Pour épater les amis retenus à dîner, il faut aussi avoir la variété 'Chioggia', à racine rouge, dont la chair blanche porte des zones concentriques rouge foncé. Des variétés à racines blanches, jaunes ou roses existent aussi.

Betterave
'Chioggia'. ▷

Bloc-notes

* EXPOSITION : plein soleil.
* NOMBRE DE SACHETS : 1 sachet pour la saison.
* DIMENSIONS DU POT : 20 cm de diamètre.
* QUAND SEMER : de mai à juin.
* TERRE : facile à travailler et enrichie.
* QUAND RÉCOLTER : 3 mois et demi après le semis.

Réussir ses semis de betteraves

Si on sème la betterave potagère en mars et en avril, sous miniserre chauffée, il faudra alors la repiquer dans son pot définitif quand elle aura 4 ou 5 feuilles. Mais la reprise des plants est aléatoire, avec obligation de couper les feuilles et les racines, puis de praliner ces dernières pour mettre toutes les chances de son côté. Il est donc vivement conseillé de la semer directement dans son pot à partir de mai, ou au moins quand tout risque de gelée nocturne est écarté. Il est très important de savoir être patient si l'on veut semer des betteraves, car une période de froid au début de la culture les conduit à produire rapidement une hampe florale, sans prendre le temps de faire grossir leur racine. Ce serait dommage car c'est justement la partie qui nous intéresse…

Si le semis vous effraie, et puisque la betterave est un légume-racine qui peut se repiquer, procurez-vous des plants en godets, et installez-les dans leurs contenants définitifs en avril ou en mai.

1 La betterave est gourmande. Une semaine ou deux avant la mise en place dans son pot, n'hésitez pas à incorporer un peu de guano au mélange terreux. Il s'agit d'un engrais organique naturel, riche en phosphore et en potasse, que va apprécier la plante.

2 Les graines de betteraves sont suffisamment grosses pour être saisies avec les doigts et déposées dans les pots. Au centre du pot rempli du mélange terreux, déposez 3 graines en triangle, espacées de 3 ou 4 cm.

3 Enfoncez-les avec le doigt, mais pas trop : elles ne doivent pas être recouvertes de plus de 1 cm de substrat !

4 Tassez bien car la graine doit être en contact avec le substrat, et arrosez immédiatement. La levée s'effectue en une dizaine de jours.

⏱ **Quand les plantules atteignent 5 cm environ,** arrachez les 2 plus chétives. Il serait en effet illusoire de croire que 3 betteraves pourraient grossir serrées les unes contre les autres. Il suffit de saisir les plantules à arracher entre le pouce et l'index, par la base, puis de les soulever. Tassez avec les doigts autour de la plantule conservée, car elle peut avoir été soulevée lors de l'arrachage des voisines. Arrosez immédiatement.

>BETTERAVE

QUEL POT ?

La betterave potagère occupe beaucoup de place pendant plusieurs mois. Il est donc préférable de l'installer en pots individuels. Optez pour des contenants de plus de 20 cm de diamètre remplis d'une couche de substrat d'une profondeur au moins équivalente, sans tenir compte de la couche drainante. Les pots en terre cuite lui conviennent tout à fait, mais elle peut aussi pousser dans un vieux seau en métal ou un conteneur en plastique.

QUELLE TERRE ?

Si la betterave n'est pas exigeante quant à la nature du sol où elle pousse, elle donnera de meilleurs résultats dans une terre légère et fraîche en été. Très gourmande, elle doit être cultivée dans un terreau « plantation » enrichi en compost et allégé avec la même quantité de sable. Un mélange terreux allégé au polystyrène fera également son bonheur.

QUEL ENTRETIEN ?

La betterave pousse toute seule, régulièrement, tant que sa racine ne souffre pas de la sécheresse. Arrosez donc tous les jours pour éviter que la racine devienne dure ou fibreuse

au point d'être immangeable, ou qu'elle perde sa saveur sucrée. Si des « mauvaises » herbes venaient à se développer dans le pot, arrachez-les avant qu'elles ne deviennent des concurrentes pour les betteraves. Déplacez à l'occasion les potées pour conserver le feuillage au soleil et le terreau à l'ombre.

LES BONS MARIAGES

Les mêmes conditions de culture peuvent convenir à la laitue à couper et aux radis de tous les mois, que vous pouvez semer en périphérie du pot. Leur feuillage produira de l'ombre au substrat et vous évitera le paillage.

LA RÉCOLTE

Elle peut débuter 3 mois et demi après le semis. Prélevez les racines au fur et à mesure des besoins, et en tout état de cause avant les premières gelées. L'arrachage s'effectue facilement en saisissant les plants par la base du feuillage. Mais il est préférable de soulever la racine avec une petite fourche à balcon pour éviter d'arracher d'un seul coup salades ou radis semés dans le même pot...

DAUCUS CAROTA

Carotte

Un grand bac fera l'affaire

La carotte est facile à réussir en jardinière si celle-ci, bien entendu, est suffisamment profonde pour permettre le développement de la racine. La carotte apprécie par ailleurs les terres meubles et non compactes, comme la plupart des plantes cultivées en pots.

QUELLES VARIÉTÉS ?

Les variétés à racines sphériques ('Parmex'), courtes ('Mignon') ou demi-courtes (type Chantenay, 'Julia' ou 'Migo'), arrivent plus rapidement à maturité. Pour les amateurs d'originalité, procurez-vous le sachet Color Mix qui comporte cinq variétés de carottes aux couleurs originales, blanc rosé, violet, jaune… Parmi les variétés à racines traditionnelles, retenez les noms de 'Juwarot', 'Turbo', et 'Rothild' : leur saveur juteuse et sucrée vous comblera quand vous les consommerez en crudités.

Bloc-notes

* **EXPOSITION** : mi-ombre.
* **NOMBRE DE SACHETS** : 1 sachet pour la saison.
* **DIMENSIONS DU POT** : grand bac de 40 × 40 cm.
* **QUAND SEMER** : d'avril à juillet.
* **TERRE** : meuble, avec argile.
* **QUAND RÉCOLTER** : 3 mois après le semis.

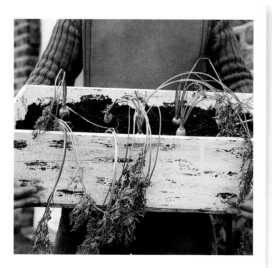

Carottes :
1-'Parmex'.
2-'Mignon'.

Réussir ses semis de carottes

1 La carotte ne se reproduit que par semis, ce qui signifie que vous ne trouverez pas de plants de carottes. Vous devez donc vous procurer un sachet de graines, à semer dans votre bac.

2 Contrairement à certains légumes qui doivent être semés d'abord en terrine, puis arrachés et plantés ensuite à leur endroit définitif, la carotte se sème directement en place, là où elle se développera et sera récoltée.

3 & 4 Les graines de carottes sont très fines. Il est donc sage d'utiliser un petit semoir à main pour éviter de faire des paquets, puis de semer les graines dans un sillon de 1 cm de profondeur maximale, afin de faciliter l'inévitable éclaircissage.

5 Recouvrez de terreau, puis tassez avec le dos de la main ou une boîte d'allumettes. Pour dissuader la mouche dite « de la carotte » de venir pondre ses œufs sur votre semis, saupoudrez le sillon de marc de café après avoir tassé.

6 Arrosez en pluie fine, après avoir arraché les plants en surnombre sur le rang (éclaircissage). Il suffit de saisir, par la base, la ou les plantules à arracher entre le pouce et l'index, puis de les soulever. On tasse avec les doigts, autour des plantules conservées, car elles peuvent avoir été quelque peu déracinées lors de l'arrachage de leurs voisines. Quand les plantules atteignent 4 à 5 cm de haut, éclaircissez pour n'en conserver qu'une tous les 7 ou 8 cm.

> CAROTTE

QUEL POT ?

La carotte appréciant une terre souple, il est préférable de la cultiver dans un grand bac, d'au moins 40 x 40 cm, où le substrat se tasse beaucoup moins. Veillez aussi à leur offrir une profondeur de terreau d'au moins 30 cm, sans tenir compte de la couche drainante.

QUELLE TERRE ?

La carotte apprécie les terres légères et sablonneuses. Un terreau de rempotage est donc souvent tout indiqué. À défaut, un terreau « plantation » auquel on mélange du sable pour moitié, fait très bien l'affaire.
La carotte redoute en revanche la présence de matières organiques mal décomposées. Gare donc aux terreaux comportant du compost dont on ne connaît pas le stade de décomposition. Un mélange terreux allégé au polystyrène est également un bon choix.

QUEL ENTRETIEN ?

Après l'éclaircissage, la carotte se débrouille toute seule. Il suffit de maintenir la terre fraîche par des arrosages fréquents jusqu'à la récolte pour que les racines ne se creusent pas.

Si des « mauvaises » herbes venaient à se développer à proximité du semis, arrachez-les avant qu'elles ne deviennent de sérieuses concurrentes pour les carottes. Sinon, placez votre jardinière au soleil, au moins la moitié de la journée.

LES BONS MARIAGES

Installez les carottes au pied des tomates, par exemple, ou, mieux, avec les salades dont le feuillage fournira une ombre bienfaisante au terreau en l'empêchant de sécher. En effet, les racines deviennent rapidement creuses quand elles subissent une alternance de périodes sèches et humides.

Les carottes sont souvent victimes d'une petite mouche (dite "mouche de la carotte") qui pond ses œufs à la base des jeunes pousses sortant de terre. Le ver se développe alors bien à l'abri dans la racine... Pour dissuader cette indésirable d'installer sa progéniture sur votre balcon, épandez du marc de café sur le sillon, juste après le semis. Efficacité garantie.

▽ En été, les carottes font partie des incontournables légumes à crudités.

LA RÉCOLTE

Comptez environ 3 mois entre le semis et le début de la récolte. Arrachez simplement les racines de carottes au fur et à mesure des besoins, en commençant par les racines les plus développées. La terre étant souple, l'arrachage s'effectue facilement en saisissant les plants par la base du feuillage. Mais si par hasard le terreau semblait tassé au point de « retenir » la carotte, saisissez-la d'une main, et soulevez la racine avec une petite fourche à balcon de l'autre main.

Chou

Très déco

Sur la terrasse, les choux jouent surtout sur le registre décoratif, avec leurs grandes feuilles souvent vert bleuté. Ils n'en resteront pas moins parfaitement comestibles, et pourront faire l'objet de deux ou trois repas originaux, tant les recettes à base de ce légume sont nombreuses !

QUELLES VARIÉTÉS ?

Le chou n'est pas vraiment la plante potagère à balcon idéale. Mais parmi les nombreuses espèces, il est tout à fait possible d'en cultiver au moins deux, ne serait-ce que pour leur côté décoratif et graphique ! Il s'agit du chou

Bloc-notes

* **EXPOSITION :** plein soleil, sud ou ouest.

* **NOMBRE DE SACHETS :** 1 sachet pour la saison, ou 1 à 3 plants en godet.

* **DIMENSIONS DU POT :** 1 bac de 40 x 40 cm.

* **QUAND SEMER :** de février à mai.

* **TERRE :** riche, avec argile ou terre de jardin.

* **QUAND RÉCOLTER :** 4 mois après le semis.

Choux :
1-'Redbor'.
2-'Salarite'.
3-'Charmant'.

Réussir ses semis de choux

Le chou est un légume que l'on multiplie par semis. Pour la culture sur le balcon, il faut choisir parmi les variétés de choux pommés dits de printemps, c'est-à-dire qui se sèment en février ou en mars en miniserre, pour être repiqués dans leur pot à l'extérieur six semaines plus tard. Le chou frisé se sème deux mois plus tard, pour être installé dehors également six semaines après.

1 Semez quelques graines en godets de tourbe, dans la miniserre, utilisée sans chauffage, mais placée à la maison.

2 Déposez de 3 à 5 graines par godet, à la surface du terreau.

3 Recouvrez d'une mince épaisseur du même substrat.

4 Tassez fermement avec le plat de la main.

5 Arrosez immédiatement. La levée s'effectue en quelques jours.

6 Dès que les plantules sortent de terre, placez la miniserre devant une fenêtre pour lui faire bénéficier d'un maximum de lumière.

> CHOU

pommé, et du chou frisé non pommé. Chez le chou pommé, retenez les variétés 'Candisa', à la saveur sucrée, 'Charmant', au feuillage vert bleuté, ou 'Salarite', aux feuilles gaufrées. Parmi les variétés de chou frisé non pommé, il faut essayer 'Vert Demi-Nain', mais surtout 'Redbor', au feuillage pourpre.

QUEL POT ?

Les choux sont tous de grandes plantes potagères qui occupent beaucoup de surface. L'idéal est de les cultiver dans un contenant individuel de 40 x 40 cm au moins, afin qu'ils puissent s'étaler à leur guise, quitte à déborder du pot. Veillez à leur offrir une profondeur de substrat d'au moins 40 cm, sans tenir compte de la couche drainante.

QUELLE TERRE ?

Les choux aiment les terres riches et profondes, mais qui ont de la consistance. Les terreaux basiques ne leur conviennent donc pas. Il vaut mieux les installer

dans un terreau comportant de l'argile ou de la terre végétale (Regardez bien la composition au dos du sac !) ou, à défaut, dans un substrat composé pour moitié de terreau de plantation et de terre de jardin prélevée dans le terrain d'un ami. Les choux apprécient un ap-

Planter le chou en godet

Au printemps, on trouve déjà des plants de chou en jardinerie ou sur les sites de vente par correspondance, commercialisés en godets plastiques. C'est une bonne solution pour s'affranchir des contraintes du semis. Couvrez la surface du mélange terreux avec un produit de paillage, afin de bien retenir la fraîcheur réclamée par le chou en période estivale.

La réussite de la plantation du chou en godet passe par une bonne installation de ses radicelles, ces racines que les jardiniers appellent « chevelu ». Ainsi, si elles sont déjà visibles autour de la motte lorsque vous retirez le godet, veillez à ne pas les abîmer. Mieux encore, dégagez-les délicatement pour qu'elles investissent plus rapidement leur nouveau milieu.Si elles ne sont pas visibles, grattez le terreau en périphérie de la motte, pour faire apparaître les précieuses racines, et trempez la motte dans un pralin du commerce.

port d'azote, surtout au début de leur développement. Aussi est-il bon d'incorporer de la farine de plume au mélange terreux, un mois avant la mise en place des choux. Il s'agit d'un engrais organique qui libère progressivement son azote tout au long de la croissance des légumes.

QUEL ENTRETIEN ?

Laissez le couvercle de la miniserre entrouvert en permanence et maintenez le terreau humide pour que les racines puissent se nourrir de l'engrais incorporé. Un mois et demi après avoir semé, sortez les godets de la miniserre pour les installer sur le balcon dans leur pot définitif. Il y a de fortes chances que les racines des plants aient commencé à traverser les parois des godets de tourbe. C'est un bon signe de vitalité ! Pincez-les toutefois avec les ongles avant de les planter en bac. Ainsi, vous forcerez les plants à développer encore davantage de racines. Ce ne sera pas plus mal ! Faites un trou dans le substrat du pot, puis déposez le godet dans le fond. Vous pouvez enterrer la base de la tige du chou jusqu'aux premières feuilles. Rebouchez, tassez bien et arrosez abondamment.

▽ Choux et poirées comptent parmi les légumes-feuilles les plus décoratifs.

LES BONS MARIAGES

Le chou est un bon compagnon pour nombre de légumes du balcon, tels que courgette, mâche, laitue, haricot, tomate, betterave… Il apprécie par ailleurs la proximité de plantes fortement aromatiques comme le romarin, la menthe ou le thym, qui repoussent ou dissuadent beaucoup de parasites du chou ! Chou et fraisier sont en revanche de mauvais compagnons. Non seulement, il ne faut pas les cultiver dans le même bac, mais il faut éviter de placer côte à côte une jardinière de fraisiers et un bac accueillant un chou ! Comptez au moins 60 cm entre ces deux ennemis.

> CHOU

LA RÉCOLTE

Elle peut commencer dès juin ou juillet, c'est-à-dire environ 4 mois après le semis. Mais vous pouvez aussi décider de conserver vos choux tels quels, pour leur intérêt décoratif.

• **Le chou pommé** se récolte en coupant simplement la tige sous la pomme, au ras du sol, avec un couteau.

• **Le chou frisé** se récolte au fur et à mesure des besoins, feuille à feuille, chacune étant cueillie à partir de la base de la plante. Cassez les feuilles en les tirant d'un coup sec vers le bas. Certains jardiniers affirment que leur saveur est meilleure si elles ont subi les premières gelées. Comme beaucoup de légumes, il est préférable de le consommer dans les heures qui suivent la « cueillette ».

Les choux semblent attirer les papillons blancs ! Ces insectes sont certes bien plaisants sur le balcon, d'autant plus qu'ils participent à la pollinisation des légumes à fleurs comme les tomates ou les aubergines. Mais ils ne manquent pas d'installer leur progéniture sur le ou les choux présents. Inutile de sortir la panoplie du petit chimiste, jetez simplement un coup d'œil tous les jours sous les feuilles de vos choux. C'est là que vous pourrez éventuellement découvrir les petits œufs blancs, serrés les uns contre les autres. Il suffit de les écraser avec le doigt.

Chou-rave et chou à feuillage pourpre ont toute leur place sur un balcon ensoleillé. ▷

Ciboulette

Tous les plats en réclament

La ciboulette est une plante condimentaire herbacée d'une trentaine de centimètres de haut. Elle produit de nombreuses feuilles creuses et cylindriques, fines, formant une touffe élégante. Communément appelée «civette» dans certaines régions, elle se cultive très bien en pot ou en jardinière. La condition de la réussite de sa culture passe par le maintien d'un substrat tout juste frais, car elle redoute autant la sécheresse que les excès d'humidité ! Elle perd ses feuilles en hiver, mais redémarre de plus belle au printemps suivant...

Bloc-notes

* **EXPOSITION** : ensoleillée, sud à ouest.

* **NOMBRE DE SACHETS** : 1 sachet pour la saison, ou 1 plant pour l'année.

* **QUAND SEMER** : en mars-avril.

* **TERRE** : fraîche.

* **DIMENSIONS DU POT** : 15 cm de diamètre.

* **QUAND RÉCOLTER** : 4 mois après le semis, ou un mois après la plantation.

QUELLES VARIÉTÉS ?

On ne trouve guère que le type botanique. Mais dans certains catalogues spécialisés, peut-être aurez-vous la chance de trouver la variété 'Polycross', plus vigoureuse et surtout plus hâtive au printemps.

La ciboule est une plante analogue, mais en fait il s'agit d'une autre espèce (*Allium fistulosum*). On la trouve parfois sous le nom de « cive ». Ses feuilles sont beaucoup plus grosses que celles de la ciboulette, et peuvent atteindre 60 cm de haut. 'Totem' est la seule variété intéressante sur le balcon, ses feuilles permettant de réaliser de jolies petites rondelles pour la décoration des plats.

QUEL POT ?

La ciboulette apprécie les contenants où la profondeur de substrat ne dépasse pas 15 cm. Par ailleurs, pour conserver la souche d'une année sur l'autre et lui permettre de résister aux fortes gelées, il vaut mieux la cultiver dans un pot de 20 cm de diamètre au moins. Il est aussi plus pratique de l'installer seule

Planter la ciboulette en godet ou en conteneur

En achetant des plants en godets ou en petits conteneurs, vous pouvez commencer à récolter les premières feuilles un mois plus tard. À moins que la motte ne semble exagérément sèche, il n'est pas nécessaire de tremper le pot de ciboulette.

1 Disposez un lit de billes d'argile au fond du pot pour garantir un drainage efficace du substrat après chaque arrosage. Comptez une épaisseur d'un cinquième de la hauteur du pot.

2 Épandez une couche de substrat sur les billes d'argile,

3 Retirez le conteneur et grattez les racines qui apparaissent en périphérie de la motte, avec une fourchette ou une petite griffe de jardin. Cette opération facilite la reprise.

4 Déposez la motte dans le pot. Le sommet de la motte doit se trouver à 1 ou 2 cm en dessous du haut du pot. Comblez de terreau autour de la motte. Tassez avec les doigts, non pas sur la motte, mais sur le terreau ajouté, pour bien le mettre en contact avec les racines.

5 Arrosez immédiatement au tuyau d'arrosage ou avec un arrosoir à long bec, mais sans pomme.

> CIBOULETTE

dans un pot. Elle ne risque pas ainsi de gêner lors du remplacement du substrat. Le pot de terre cuite constitue le contenant idéal.

QUELLE TERRE ?

La seule exigence de la ciboulette en matière de substrat est la fraîcheur. Les terreaux du commerce de type « plantation » ou « potager », utilisés tels quels, conviennent donc la plupart du temps, pour peu qu'ils comportent de l'argile pour une meilleure rétention de l'eau. Mais attention, il est indispensable de mettre en place une couche drainante au fond du pot pour éviter toute accumulation d'eau qui conduirait à la pourriture des plants.

QUEL ENTRETIEN ?

La ciboulette est une plante sans histoire qui ne réclame rien ! Un simple apport de paillettes de corne au printemps lui fournira la quantité d'azote nécessaire à son développement durant toute la saison. Maintenez le terreau frais, sans trop le mouiller.

LES BONS MARIAGES

La ciboulette ne supporte pas les plantes de la famille des Fabacées. Évitez-lui donc la proximité du haricot, du pois ou de la fève ! En revanche, vous pouvez sans souci la cultiver près des carottes.

> **S.O.S.**
> Ma ciboulette jaunit !
> Veillez à ne pas détremper le terreau lors de l'arrosage ! C'est la cause n° 1 du jaunissement du feuillage. Si c'est le cas, supprimez les feuilles jaunes et laissez votre pot au régime sec jusqu'à ce que la plante retrouve son aspect normal.

Réussir son semis de ciboulette

La ciboulette est une plante condimentaire que l'on trouve très facilement en plants en godets. Pour pouvoir en profiter rapidement, achetez 1 ou 2 de ces plants, plutôt que d'envisager le semis, technique à réserver surtout à l'obtention des variétés introuvables en plants !
Si vous semez, faites-le directement en place, sur le balcon, là où la ciboulette se développera et sera récoltée.

1 Utilisez un petit semoir à main pour éviter de faire des paquets avec les graines fines, puis dispersez les graines dans un pot à la surface du terreau.

2 Recouvrez les graines d'une fine couche de terreau sans mottes, puis tassez avec le dos de la main.

3 Arrosez immédiatement et maintenez le sol frais. La levée s'effectue en deux semaines environ.

4 Quand les plantules présentent 4 ou 5 feuilles, procédez à l'éclaircissage, opération qui consiste à arracher les plants en surnombre pour ne conserver que le ou les deux plus vigoureux. Saisissez les plantules à arracher par la base, entre le pouce et l'index, puis soulevez-les.

5 Tassez avec les doigts autour des plantules conservées, car elles peuvent avoir été déracinées lors de l'arrachage de leurs voisines.

Pour aller plus vite et vous éviter l'éclaircissage, vous pouvez aussi utiliser des semences en ronds présemés. Il s'agit de semences disposées régulièrement et selon un espacement prédéfini, sur un support en papier biodégradable de 8 cm de diamètre. Il suffit de déposer le rond sur le substrat, de l'arroser et de le recouvrir d'une fine couche de terreau. Cela produit une touffe serrée que vous diviserez au printemps suivant pour obtenir deux ou plusieurs potées.

LA RÉCOLTE

Elle s'effectue au fur et à mesure des besoins. Plusieurs « récoltes » successives et complètes sont d'ailleurs possibles dans l'année, et la plante en devient d'autant plus vigoureuse. La plante se régénérant après chaque cueillette, il est conseillé de toujours couper les feuilles au ras du terreau. La cueillette suivante s'effectue sur les feuilles qui n'ont pas été touchées la première fois, permettant la repousse de nouvelles feuilles tendres au niveau de la première coupe.

La cueillette s'opère avec une paire de ciseaux, un sécateur ou un couteau bien affûté.

▽ La ciboulette est ici cultivée seule dans son pot ; son feuillage disparaît l'hiver et réapparaît chaque année au printemps.

Courgette

Cueillez-la jeune et tendre

La courgette est l'une des plantes les plus spectaculaires du balcon, tant par son envergure que par la diversité de ses fruits, aux formes et aux couleurs inattendues. Un seul pied suffit généralement pour animer et fleurir un coin de la terrasse. Incontournable !

QUELLES VARIÉTÉS ?

Pour la culture en pot, et surtout sur un balcon ou une terrasse, où les mètres carrés sont comptés, il est important de choisir des variétés dites « non coureuses ». Elles ne risquent pas de s'échapper du balcon à toutes jambes, comme leur nom semble l'indiquer, mais elles risquent de produire de très longues tiges qui vont envahir les potées environnantes, et peut-être même celles du balcon voisin… Retenez les noms de 'Eight Ball', précoce et aux originaux fruits ronds, vert foncé, ou 'One Ball', aux fruits jaune d'or, ou encore 'Sunny', aux fruits à la forme classique mais dont la longueur ne dépasse pas 10 à 15 cm.

Bloc-notes

* **EXPOSITION** : plein soleil, sud.
* **NOMBRE DE SACHETS** : 1 sachet pour la saison, ou 1 plant.
* **DIMENSIONS DU POT** : large bac d'au moins 50 cm de côté.
* **QUAND SEMER** : de mars à mai.
* **TERRE** : humifère et fraîche.
* **QUAND RÉCOLTER** : 2 mois après le semis.

◁ Courgette 'One Ball'.

Réussir ses semis de courgettes

La courgette se reproduit par semis. Elle est originaire d'Amérique du Sud, et craint de ce fait les températures trop froides du printemps. Il est donc nécessaire de la semer sous miniserre à la maison, avant de la planter dans son pot sur la terrasse, quand tout risque de gel est écarté, généralement en mai. Comptez trois à quatre semaines entre le semis et la plantation en bac. Ainsi, dans les régions où le printemps est frais, il faut savoir attendre la fin mai pour les installer dehors. Le semis doit donc avoir lieu au mieux à la fin d'avril. Plus on descend vers le Midi, plus on peut la sortir tôt, et donc semer d'autant plus précocement. Sur la Côte d'Azur, on la sème en mars.

1 Semez les courgettes dans des godets de tourbe remplis de terreau à semis, et placez-les dans une miniserre, dans une pièce de la maison, ou en véranda.

2 Les graines sont suffisamment grosses pour être saisies une à une avec les doigts. Enfoncez 3 graines par godet, en triangle, et espacées de 2 ou 3 cm, jusqu'à 1 cm de profondeur. Peu importe le sens.

3 & 4 Tassez, puis arrosez pour bien humecter le substrat. Fermez la serre.

5 La levée s'effectue en une semaine environ ; il faut alors approcher la miniserre d'une fenêtre. Entrouvrez la serre, et maintenez-la ainsi jusqu'à la plantation sur le balcon.

🕐 **Dès l'apparition de 4 feuilles,** arrachez dans chaque godet les 2 plants les plus chétifs afin de faciliter le développement de celui qui reste. Saisissez-les par la base, puis soulevez-les. Tassez avec les doigts autour du plant conservé, car il peut avoir été un peu déraciné lors de l'arrachage des autres. Arrosez immédiatement pour bien remettre le substrat en contact avec les racines.

> COURGETTE

QUEL POT ?

Contrairement à l'aubergine, la courgette dispose d'un système radiculaire plus horizontal que dirigé vers les profondeurs. Sur le balcon, elle se plaira donc plus dans une vieille bassine métallique ou dans une vasque de 50 à 60 cm de diamètre avec simplement 20 à 30 cm d'épaisseur de substrat, que dans un pot de terre cuite. Le contenant sera par ailleurs beaucoup plus stable compte tenu de l'envergure des feuilles de la plante !

QUELLE TERRE ?

La courgette affectionne les terres riches en matière organique. Un terreau type « Or Brun régénérant » lui convient tout à fait puisqu'il comporte à la fois de la terre, de la matière organique et du compost. À défaut, elle se développera très bien dans un mélange pour moitié de terre de jardin et de compost.

QUEL ENTRETIEN ?

Maintenez le terreau frais pour que les plants poussent sans arrêt de croissance. Si les plants viennent à toucher le couvercle de la miniserre, ouvrez-la complètement pour éviter la formation de moisissures sur les feuilles. À partir de ce moment, sortez quotidiennement votre miniserre sur le balcon aux meilleures heures de la journée, afin d'endurcir les plants.

Dès avril dans le Midi, et pas avant mi-mai au nord de la Loire, plantez vos courgettes dans leur bac définitif, avec leur godet de tourbe. La surface du godet peut être enterrée de 2 ou 3 cm. Arrosez copieusement, toujours au pied de la plante pour ne pas provoquer l'apparition de l'oïdium sur les feuilles. Paillez pour retenir l'humidité. Vous pouvez pour cela utiliser un morceau de toile de jute. Ce dernier sera vite inutile car recouvert par la végétation exubérante de la plante. Placez le bac de telle manière qu'il reçoive un maximum de soleil. Attention, un arrosage régulier tout l'été est la seule garantie d'obtenir beaucoup de fruits !

LA RÉCOLTE

Il ne s'écoule pas plus de 2 mois entre le semis et le début de la récolte des courgettes ! Elles se ramassent au fur et à mesure des besoins, avant qu'elles ne soient trop grosses. Plus vous cueillez, plus la plante produit d'autres fleurs pour remplacer les fruits manquants. Saisissez le fruit d'une main, et coupez le pédoncule avec un sécateur ou un couteau.

Les fleurs femelles ne donnent pas de fruits. Il passe sans doute trop peu d'insectes sur votre balcon pour favoriser la pollinisation des fleurs. Il va falloir le faire vous-même ! Opérez le matin : cueillez une fleur mâle et débarrassez-la de ses pétales. Frottez les étamines contre le pistil d'une ou plusieurs fleurs femelles (reconnaissable au renflement sous les pétales). Si un fruit se développe, vous saurez que la fécondation a bien eu lieu !

L'ASTUCE CUISINE

Dans la courgette, il y a des fleurs mâles et des fleurs femelles qui donnent des courgettes. On peut donc manger les fleurs mâles ! Enfin, pas toutes, car il doit en rester pour féconder les femelles... Cueillez-les le matin pour qu'elles soient bien ouvertes. Enlevez le pistil avec les doigts, sans casser la fleur. Retournez-les sur un essuie-tout pour les sécher. Préparez une pâte à beignets, trempez les fleurs dedans et faites-les frire rapidement. Succès garanti à l'apéritif en remplacement des chips...

▽ La courgette à petits fruits gagne à être palissée, ce qui permet de profiter de plus de végétation fleurie.

Fève

À *consommer crue*

La fève est plutôt un légume du Midi, où on la sème d'ailleurs dès l'automne. Plus au nord, ce n'est pas qu'elle ne pousse pas, mais on ne sait généralement pas comment la cuisiner. Essayez-la partout sur le balcon, où elle présente au moins l'intérêt d'être l'un des premiers légumes-fruits de la saison...

QUELLES VARIÉTÉS ?

Il y a peu de variétés de fèves. 'The Sutton' est une variété qui ne dépasse pas 40 cm de haut, ce qui est plutôt intéressant pour le balcon. 'Trois Fois Blanche' est particulièrement adaptée aux conditions de culture du nord de la Loire.

Bloc-notes

* **EXPOSITION** : soleil, sud ou ouest.
* **NOMBRE DE SACHETS** : 1 boîte pour la saison.
* **DIMENSIONS DU POT** : tout pot de 30 cm de diamètre.
* **QUAND SEMER** : en février-mars.
* **TERRE** : argileuse et fraîche.
* **QUAND RÉCOLTER** : 3 ou 4 mois après le semis.

◁ Fève 'The Sutton'.

Fève 'Trois Fois Blanche'. ▷

QUEL POT ?

En pleine terre, la fève pousse dans les terrains frais, surtout lourds, voire argileux, mais assez souples en profondeur pour y enfoncer ses racines. Sur le balcon ou la terrasse, la souplesse en profondeur n'est pas un souci, et tout contenant avec une profondeur de terreau d'au moins 30 cm, plus la couche drainante, sera le bienvenu. Ceux aux parois imperméables, en métal ou en plastique, auront même la préférence car ils retiennent mieux l'humidité que ceux en bois.

QUELLE TERRE ?

Notre fève ne se plaît pas dans les sols trop riches en matière organique. La culture en terreau du commerce risque donc de lui être défavorable. Trouvez-lui plutôt un terreau comportant impérativement de l'argile, puis mélangez-le à parts égales avec une bonne terre de jardin que vous prélèverez dans le potager d'un ami. Cette contrainte vous obligera sans doute à cultiver la fève toute seule dans son pot car peu de plantes apprécient un tel substrat…

Réussir ses semis de fèves

La fève se multiplie par semis, directement en place, c'est-à-dire là où elle va se développer et produire ses fruits. Très résistante au froid, et même aux gelées jusqu'à – 3 °C, vous pouvez la semer dès février ou mars, dans la mesure où le substrat n'est pas gelé.

1 Les graines de fèves sont comme de gros haricots. Semez 3 graines en triangle, bien espacées, par pot de 30 à 40 cm de diamètre.

2 La meilleure solution consiste à faire 3 trous de 5 cm de profondeur avec deux doigts, puis d'y laisser tomber à plat chaque graine.

3 & 4 Recouvrez, tassez avec les doigts, puis arrosez pour bien humecter le substrat.

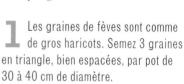 **La levée se produit en 8 à 10 jours,** et elle est d'autant plus rapide que l'on a pris la précaution de faire tremper les graines dans de l'eau tiède toute la nuit qui a précédé le semis.

> FÈVE

QUEL ENTRETIEN ?

Un mois après la levée, les plants atteignent déjà une trentaine de centimètres de haut. S'il s'agit d'une variété qui dépasse 50 cm de haut, il est sage de planter un tuteur en bambou auprès de chaque plant. Les branches pourront y prendre appui et mieux résister au vent.

LA RÉCOLTE

La récolte peut commencer 3 ou 4 mois après le semis. Il n'y a pas assez de pieds de fèves sur un balcon pour espérer confectionner un potage ou une purée.
Il vaut donc mieux les récolter avant complète maturité, quand les gousses sont encore bien vertes et bosselées. Ce sont toujours celles du bas de la plante qui sont mûres les premières. Cueillez les gousses une à une, en cassant le pédoncule qui les lie à la plante.

L'ASTUCE CUISINE

*Récoltées à demi-maturité, les fèves
sont surprenantes crues, débarrassées
de leur enveloppe épaisse et plongées
dans du sel fin.*

En juillet, les pieds de fèves récoltés depuis peu côtoient les plants de tomates en fleurs. ▷

Fraisier

Protégez-le des oiseaux !

Bien que classées parmi les fruits, les fraises sont incontournables dans un potager, même sur un balcon ! De culture facile, les fraisiers sont savent nous récompenser par une fructification qui perdure une grande partie de la saison.

QUELLES VARIÉTÉS ?

Sur un balcon, il est plus intéressant de pouvoir grappiller des fraises pendant plusieurs mois que d'effectuer une seule récolte sur quinze jours au printemps. Les variétés remontantes sont donc à préférer, avec notamment 'Annabelle', qui produit des gros fruits de manière régulière, et 'Reine des Vallées', qui fournit des petits fruits à la saveur de fraises des bois, de mai à octobre.

Bloc-notes

* **EXPOSITION** : *plein soleil.*

* **NOMBRE DE PLANTS** : *6 plants.*

* **DIMENSIONS DU POT** : *2 jardinières de 50 cm de long.*

* **QUAND PLANTER** : *d'août à octobre.*

* **TERRE** : *riche, meuble et fraîche en été.*

* **QUAND RÉCOLTER** : *10 mois après la plantation.*

QUEL POT ?

Les fraisiers ne sont pas des plantes qui exigent une grande profondeur de terre. Il est ainsi tout à fait possible de les cultiver et de récolter des fruits dans une simple jardinière du type de celles qui sont utilisées sur les rebords de fenêtres pour les géraniums. Elles mesurent en général 50 cm de long, et peuvent très bien accueillir trois plants de fraisiers. Évitez les contenants imperméables qui laissent insuffisamment respirer le substrat.

QUELLE TERRE ?

Le fraisier apprécie les sols riches en matière organique. La culture en terreau apparaît donc comme idéale. Utilisez un terreau « plantation » enrichi en compost. Si vous n'en trouvez pas, prenez un terreau de rempotage ou un terreau « plantation » auxquels vous pouvez incorporer, par jardinière, une poignée de fumier décomposé ou, mieux, de compost « Algo-Forestier ».

Planter les fraisiers en jardinière

Même si le fraisier peut effectivement être reproduit par semis, il est bien plus facile d'acheter des plants puis de les planter directement dans des pots et bacs. D'autant plus que l'on trouve la majorité des variétés sous cette forme. Il y a deux périodes de plantation : avril et mai, puis août à octobre. En plantant à l'automne, on obtient une véritable récolte dès l'année suivante.

1 Vérifiez que la jardinière dispose bien de plusieurs trous à sa base pour permettre l'évacuation de l'eau en excès que redoute le fraisier. Épandez une couche de graviers pour bien drainer le terreau.

2 Remplissez la jardinière jusqu'à 2 cm du bord avec le terreau préalablement enrichi.

3 & 4 Faites 3 trous également répartis, puis installez les plants. S'il s'agit de plants à racines nues, disposez bien les racines vers le bas, et rebouchez en prenant soin de conserver le collet (point de jonction entre les racines et les tiges) juste au-dessus de la surface du sol. S'il s'agit de plants en motte, le sommet de cette dernière doit parvenir au niveau du terreau.

5 Arrosez au goulot chacun des fraisiers, en évitant de mouiller les feuilles.

6 Lors de la cueillette, dégagez les fleurs pour les rendre plus visibles par les abeilles.

> FRAISIER

QUEL ENTRETIEN ?

Les fraisiers développent leur système radiculaire avant l'hiver, et sont fin prêts quand arrive le printemps. En mars ou en avril, si le terreau n'est pas gelé, épandez un paillage à la surface du terreau pour bien retenir la fraîcheur. Évitez les paillis de type paillettes, qui collent aux fruits lors de la récolte. Préférez la toile de jute, aussi efficace, mais qui isole les fraises du terreau et les garde propres. Arrosez régulièrement au printemps, car le terreau ne doit pas sécher. En été, arrosez beaucoup à la fois, mais une seule fois par semaine, afin de ne pas encourager certaines maladies qui se développent sous l'action de la chaleur et de l'humidité.

En juin, supprimez sans hésiter les stolons, ces longues tiges terminées par un toupet de feuilles. Ils épuisent la plante !

LES BONS MARIAGES

Le fraisier s'entend bien avec la laitue, le haricot et même le thym ! En revanche, il faut lui éviter la proximité du chou et des plantes qui risqueraient de le priver de soleil.

LA RÉCOLTE

La récolte s'opère de mai à octobre selon les variétés. Cueillez les fraises plutôt le matin, car elles sont alors plus sucrées. Ne tirez pas dessus, mais coupez leur « queue » avec les ongles du pouce et de l'index. Consommez-les si possible dans l'heure qui suit pour en apprécier toute la saveur.

Sur un balcon, les fraises sont à portée d'ailes des oiseaux ! Pour éviter qu'ils ne réduisent à néant votre petite récolte, intervenez en mai, avant que les premières fraises soient rouges, en tendant un filet à fines mailles au-dessus de vos jardinières. Attention, le filet doit être supporté par des mini-arceaux afin que les oiseaux ne puissent picorer à travers les mailles.

Cultivées en hauteur, les fraises risquent moins d'être souillées par le terreau. ▷

PHASEOLUS VULGARIS

Haricot grimpant

Beau et bon à la fois

Sur la rambarde du balcon, à l'assaut d'un treillis fixé au mur, ou sur un claustra de séparation entre deux espaces, les haricots grimpants permettent de végétaliser joliment un potager suspendu, d'abord par leur floraison, puis par leurs gousses qui savent être belles avant d'être bonnes.

QUELLES VARIÉTÉS ?

Parmi les haricots, grimpants ou non, on distingue les mangetout dont on consomme la gousse entière (les haricots verts), et les haricots en grains que l'on consomme frais ou secs. Mais ces derniers ont une durée de culture trop longue pour un potager sur le balcon, et il vaut mieux ne cultiver que les mangetout. On utilise assez peu le haricot à ramer mangetout en France, et c'est bien dommage car il existe d'excellentes variétés, toutes sans fils, comme 'Crochu de Savoie' dont les grains présentent un petit goût de noisette, 'Selma Zèbre', variété suisse savoureuse, et 'Cor des Alpes', ancienne mais toujours aussi délicieuse paraît-il !

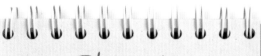

Bloc-notes

* **EXPOSITIONS** : soleil, sud ou ouest.
* **NOMBRE DE PAQUETS** : 1 boîte pour la saison.
* **DIMENSIONS DU POT** : tout pot de 35 cm de profondeur.
* **QUAND SEMER** : d'avril à juillet.
* **TERRE** : meuble, fraîche et humifère.
* **QUAND RÉCOLTER** : 2 mois et demi après le semis.

Haricots :
1-'Cor des Alpes'.
2-'Crochu de Savoie'.
3-'Selma Zèbre'.

QUEL POT ?

Le haricot – et a fortiori les variétés grimpantes – produit un important réseau de fines racines qui s'enfoncent pour chercher la nourriture. Comme il a beaucoup de végétation à nourrir, il faut le semer dans un contenant capable d'offrir au moins 35 cm d'épaisseur de substrat, pour un diamètre ou un côté d'au moins 40 cm. Un pot de terre cuite, qui laisse respirer la terre, est tout à fait indiqué.

QUELLE TERRE ?

Le haricot aime les terres très légères où il pourra lancer sans difficulté ses racines, toujours fraîches mais bien drainées. Ses racines redoutent en effet les excès d'humidité. Offrez-lui donc un terreau à base de fibres de coco plutôt qu'à base de la traditionnelle tourbe. À défaut, utilisez un terreau « rempotage » auquel vous aurez mélangé des billes de polystyrène pour le rendre plus léger.

Réussir ses semis de haricots grimpants

Comme celles des fèves, les graines de haricots sont recouvertes d'une enveloppe dure que doit percer la plantule. Pour faciliter cette percée et favoriser la levée, faites tremper les graines dans de l'eau tiède, la veille du semis. Le haricot se sème directement en place, en poquet (c'est-à-dire par groupes de 3 à 5 graines). Semez-le à partir d'avril, dès que le substrat est réchauffé. Pour réussir le haricot, il est en effet essentiel que la levée soit rapide, en moins de 5 jours !

1 Enfoncez dans le terreau la structure qui va servir de tuteur aux haricots. À son pied, préparez un trou grand comme la paume de la main, et profond de 3 cm environ.

2 Jetez de 3 à 5 grains, bien espacés, dans la cavité. Recouvrez de terreau et tassez avec le plat de la main. Arrosez immédiatement pour bien mettre le substrat en contact avec les grains.

3 Pour hâter la levée, vous pouvez recouvrir le poquet avec une bouteille en plastique dont vous aurez préalablement retiré le fond. Vous retirerez la protection dès la levée des plantules.

> HARICOT GRIMPANT

QUEL ENTRETIEN ?

Conservez tous les plants qui vont lever, cela vous fera d'autant plus de fleurs et de gousses à récolter. Quand ils atteignent une vingtaine de centimètres de haut, remontez le substrat en formant une butte à la base de leurs tiges. C'est ce qu'on appelle le « buttage ». De nouvelles racines vont se développer sur la portion de tige enterrée, renforçant la capacité des plants à puiser leur nourriture dans le bac. Les tiges s'accrochent d'elles-mêmes à leur support. Vous n'avez pas à vous en occuper ! Arrosez ensuite tous les jours pour maintenir le substrat humide, mais en évitant de mouiller le feuillage car vous pourriez faire apparaître des maladies.

LA RÉCOLTE

La récolte peut débuter 2 mois et demi après le semis. Elle se déroule sur plusieurs semaines consécutives, de nouvelles fleurs faisant leur apparition au fur et à mesure de la cueillette. Récoltez les haricots mangetout quand ils atteignent une quinzaine de centimètres de long, alors que les gousses commencent juste à se bosseler. Enfin, pour éviter d'abîmer la plante entière, cueillez toujours à deux mains : l'une tient la branche, pendant que l'autre saisit la gousse et tire dessus pour casser son pédoncule.

LES BONS MARIAGES

Le haricot s'entend bien avec les fraisiers. Aussi, s'il reste de la place au pied de vos haricots, n'hésitez pas à installer un ou plusieurs plants de fraisiers. Ils assureront en même temps la couverture du terreau, maintenant la fraîcheur exigée par les haricots. Vous pouvez aussi utiliser le maïs doux comme tuteur à haricots : dans un grand pot posé au sol, commencez par semer 3 grains de maïs en avril, à l'abri sous une bouteille en plastique si nécessaire. Attendez que les plants aient atteint au moins 40 cm de haut pour semer les haricots à leur pied.

Le haricot grimpant habille parfaitement la rambarde du balcon. ▷

Laitue

Maintenez-la toujours au frais

La laitue se cultive très bien en pot ou en jardinière, et le balcon lui convient parfaitement, pour peu qu'elle puisse bénéficier d'ombre au cours de la journée. La réussite de sa culture ne se fait qu'à condition de maintenir la fraîcheur du sol, ce qui est facile à obtenir avec les terreaux.

QUELLES VARIÉTÉS ?

Les laitues dites « à couper » sont très intéressantes, car non seulement elles poussent vite, mais le même pied offre deux ou trois récoltes successives. Ces laitues se récoltent en effet feuille par feuille, en les coupant impérativement au-dessus du collet, et non pas en coupant la pomme en une seule fois. Retenez les variétés 'Blonde à Feuille Pleine', très facile à réussir, et 'Bughatti', à feuilles de chêne pourpre.

Parmi les laitues pommées traditionnelles, essayez 'Tom Thumb', qui produit de petites pommes adaptées à la culture en pot, 'Lilloise', qui est prête à consommer en seulement six semaines, ou 'Focéa', une bonne salade aux feuilles épaisses et croquantes.

Bloc-notes

* **EXPOSITION** : mi-ombre, est ou ouest.

* **NOMBRE DE SACHETS** : 1 sachet pour la saison, ou une douzaine de plants pour l'année.

* **QUAND SEMER** : d'avril à septembre.

* **TERRE** : riche en humus, et fraîche.

* **DIMENSIONS DU POT** : 20 cm de diamètre.

* **QUAND RÉCOLTER** : de 4 à 8 semaines après le semis.

Laitues :
1-'Lilloise'.
2-'Bughatti'.
3-'Focéa'.

Réussir ses semis de laitues

La laitue est un légume qui se reproduit par semis, mais on trouve aujourd'hui beaucoup de variétés en plants, et même en minimottes, ce qui permet de s'affranchir du semis, toujours un peu délicat, puis d'espérer une récolte plus rapide (voir p. 77). Même si vous pouvez semer vos laitues en terrine, sous un abri chauffé, dès le mois de janvier, attendez plutôt le mois d'avril pour semer directement en place, sur le balcon, là où elle se développera et sera récoltée.

1 Avec la main, creusez un sillon de 0,5 cm de profondeur au maximum, parallèlement au bord du pot. Vous faciliterez ainsi l'éclaircissage.

2 Déposez les graines dans le sillon.

3 Recouvrez d'une fine couche de terreau sans mottes, puis tassez avec le dos de la main.

4 Arrosez immédiatement et maintenez le sol frais. La levée doit être rapide pour garantir le succès de la culture, c'est-à-dire qu'elle doit s'effectuer en moins de 8 jours, 4 à 6 jours étant une durée optimale.

Quand les plantules atteignent environ 3 cm de haut, elles présentent déjà 2 ou 3 feuilles. Il faut procéder à l'éclaircissage. Cette opération consiste à arracher les plants en surnombre sur le rang, en éliminant les plus chétifs, afin de faciliter le développement de ceux qui sont conservés. La manipulation est simple : il suffit de saisir les plantules à arracher entre le pouce et l'index, par la base, puis de les soulever. On tasse généralement autour des plantules conservées avec les doigts, car elles peuvent avoir été déracinées lors de l'arrachage de leurs voisines. Conservez un plant tous les 25 cm.

> LAITUE

QUEL POT ?

La laitue supporte les contenants dont la profondeur de substrat ne dépasse pas 15 cm. C'est pratique. En revanche, il est toujours préférable que le diamètre du pot soit supérieur à celui de la laitue développée, afin que les feuilles ne se « cassent » pas sur le rebord. Elle pousse également très bien à l'ombre de légumes plus hauts qu'elle, en bacs ou en jardinières.

QUELLE TERRE ?

La laitue apprécie les terres qui restent fraîches. Les terreaux du commerce utilisés tels quels conviennent donc la plupart du temps, pour peu qu'ils comportent de l'argile. Cela n'empêche pas de mettre en place une couche drainante au fond du pot pour éviter toute accumulation d'eau qui conduirait à la pourriture des plants.

QUEL ENTRETIEN ?

Après l'éclaircissage, la laitue se débrouille toute seule. Il suffit de maintenir la terre fraîche par des arrosages fréquents. Veillez à ce que votre jardinière ne soit pas exposée au soleil, plus de la moitié de la journée.

LES BONS MARIAGES

La laitue est un bonne compagne, notamment pour les légumes à racines comme les radis et les carottes, car son feuillage fournit une ombre bienfaisante au terreau en l'empêchant de sécher. Installez-la aussi au pied des cucurbitacées, voire dans la jardinière à fraisiers ! En revanche, évitez-lui la proximité du persil qu'elle ne supporte pas.

S.O.S.

Mes plants disparaissent ! La levée semble s'effectuer normalement, et les plantules disparaissent soudainement, comme « fondues ». Il s'agit de la fonte des semis, une maladie due à un excès d'humidité, ou plus rarement à un semis trop serré. Veillez donc à ne pas détremper le terreau lors de l'arrosage !

LE CONSEIL DU « PRO »

Pour économiser des graines, et surtout vous éviter l'éclaircissage, procurez-vous des graines en ruban. Ce sont des semences insérées régulièrement, entre deux épaisseurs de papier biodégradable. Il suffit de déposer le ruban sur le substrat et de le recouvrir d'une fine couche de terreau. Il se déchire pour l'adapter à la dimension du pot ou de la jardinière. Arrosez immédiatement en pluie fine. Il existe aussi des semences de laitues dites «enrobées», c'est-à-dire dont chaque graine est enveloppée dans une ganse biodégradable qui facilite la germination et la levée de la plantule. Elles peuvent alors être saisies à la main une à une, et être déposées sur le terreau selon l'espacement voulu.

LA RÉCOLTE

Les laitues « à couper » se récoltent un mois après le semis, mais attendez un mois supplémentaire pour la laitue pommée. Dans tous les cas, cueillez de préférence la laitue le matin, car les feuilles sont plus fermes. Consommez-les rapidement si vous voulez profiter de leur apport en vitamine C. Pour la laitue à couper, cueillez les jeunes feuilles au ras du terreau avec un couteau, au fur et à mesure des besoins. N'entamez pas le cœur, car cette laitue continue à produire des feuilles durant plusieurs semaines. Pour la laitue pommée, coupez le pied au ras du terreau, puis arrachez la racine pour libérer la place.

Planter les laitues en minimotte ou en godet

En achetant des plants en minimottes ou en godets, vous pouvez planter les laitues directement dans leur pot ou jardinière.

1 Sans retirer les godets ou les barquettes, immergez les mottes des plants dans un récipient rempli d'eau à température ambiante, afin de bien les imbiber avant la plantation. Elles peuvent en effet avoir souffert du manque d'eau depuis leur départ de chez le producteur.

2 Avec un transplantoir, faites dans le terreau un trou de la taille de la motte.

3 Pressez le godet pour extraire la motte et déposez-la au fond du trou. Son sommet doit affleurer la surface du terreau, et ne jamais être enterré plus profondément.

4 Rebouchez autour de la motte, et tassez avec les doigts. Le feuillage semble comme ramolli, couché sur le terreau. C'est normal. Il va se reprendre en 1 ou 2 jours. Arrosez immédiatement pour bien mettre les racines de la motte en contact avec le terreau.

◁ Les laitues à couper permettent de conserver une jardinière décorative, même après plusieurs récoltes.

> LAITUE

△ Dans l'escalier, des potées de laitues ont autant de présence que des géraniums.

L'ASTUCE CUISINE

Tout le monde consomme la laitue crue en salade avec une vinaigrette. Mais savez-vous qu'avec une laitue, vous pouvez aussi réaliser un excellent potage velouté ? Il suffit de faire revenir les feuilles découpées d'une laitue dans du beurre, puis d'ajouter un litre de bouillon et de laisser mijoter. Incorporez un jaune d'œuf et de la crème fraîche avant de servir.

Avec leur forme arrondie, les laitues adoucissent les pots carrés ou épousent et recouvrent les pots… ▷

Laurier-sauce

Couvrez-le en hiver

Le laurier-sauce est un véritable arbuste ligneux, presque un arbre au jardin car il peut atteindre plusieurs mètres de haut en pleine terre. Il présente des feuilles persistantes, coriaces, vert foncé, au parfum très marqué, surtout quand on les froisse. Son aspect rustique cache cependant une plante frileuse (il est originaire de la zone méditerranéenne) qu'il faut savoir protéger sur un balcon.

QUELLES VARIÉTÉS ?

Même s'il existe une variété à feuillage doré (*Laurus nobilis* 'Aurea'), seule l'espèce type convient à une utilisation en cuisine.

Bloc-notes

* **EXPOSITION** : ensoleillée, sud à ouest.

* **NOMBRE D'EXEMPLAIRES** : 1 plant par balcon.

* **QUAND PLANTER** : en mars-avril.

* **TERRE** : sèche, légère et profonde.

* **DIMENSIONS DU POT** : 40 cm de diamètre.

* **QUAND RÉCOLTER** : 1 mois après la plantation, puis toute l'année.

QUEL POT ?

Le laurier peut vivre plus de dix ans, et il faut donc l'installer dans un grand bac où il pourra développer ses racines à son aise. Un contenant carré de 40 cm de côté au minimum est donc nécessaire, avec une profondeur au moins identique. L'idéal serait même de lui réserver une jardinière de 60 cm de large ou davantage. Il faut l'installer seul afin qu'il ne souffre pas de concurrence, et qu'il soit facile de le repoter à n'importe quel moment. Le matériau doit être bien aéré, et c'est donc vers le bois ou la terre cuite naturelle et non peinte qu'il faut se tourner. La présence de plusieurs orifices de drainage est vivement recommandée.

QUELLE TERRE ?

Le laurier-sauce craint absolument l'excès d'humidité au niveau des racines. Une plantation dans le terreau pur ne lui convient donc pas du tout ! Préparez plutôt un mélange constitué de 50 %

Planter le laurier-sauce en bac

Le laurier-sauce craint le froid, en particulier quand il est jeune. Il est donc préférable de le planter au printemps, afin qu'il ait le temps de développer ses racines avant la première saison froide. Il sera aussi mieux armé pour se nourrir au cours de l'hiver suivant (n'oubliez pas qu'il garde ses feuilles…). Comme tous les arbustes à feuillage persistant, il est toujours vendu en conteneur.

1 Plongez quelques minutes la motte avec son conteneur dans un seau d'eau, afin de bien l'humecter avant la plantation.

2 Pendant ce temps, faites un trou dans le mélange terreux confectionné par vos soins, légèrement plus grand que le volume de la motte. Sortez le laurier de son seau, et retournez-le pour l'extraire délicatement du conteneur. Griffez toute la surface de la motte sur 1 cm de profondeur, afin de dégager les racines pour contribuer à leur progression rapide dans leur nouvel environnement.

3 Posez la motte dans le trou. Son sommet doit affleurer la surface du substrat. Si nécessaire, corrigez en creusant davantage ou bien en ajoutant du terreau au fond.

4 Comblez tout autour avec le mélange retiré pour le trou, et tassez légèrement au fur et à mesure.

5 Arrosez au goulot avec l'arrosoir sans pomme. Arrêtez dès que l'eau commence à sortir par les orifices de drainage.

> LAURIER-SAUCE

de terre de jardin prélevée dans le potager d'un ami, 25 % de sable de Loire, et 25 % de polystyrène. Vous obtiendrez un substrat léger et bien drainant qui lui conviendra parfaitement. Ce qui ne dispense pas de prévoir une couche drainante au fond du bac…

LA RÉCOLTE

Elle peut s'effectuer presque toute l'année, de mars aux premières gelées, au fur et à mesure des besoins, à la main, en cueillant les feuilles une à une. Prélevez des feuilles sur tout l'arbuste pour ne pas le dégarnir sur une face, en choisissant de préférence les feuilles les plus foncées, et les plus coriaces, qui sont les plus parfumées.

QUEL ENTRETIEN ?

Le laurier n'est pas exigeant. Jusqu'à l'automne, il faudra simplement l'arroser une fois par semaine, de la même manière qu'à la plantation. Au cours de l'hiver, il vaut mieux arrêter tout arrosage, l'humidité étant encore plus à craindre que le froid. L'année suivante, un arrosage mensuel sera suffisant. Le laurier-sauce peut être taillé chaque printemps pour le maintenir dans des proportions acceptables pour le balcon où il est installé. Il vaut mieux le tailler chaque année, plutôt que d'être obligé d'intervenir quand il a trop poussé, car une taille sévère le défigurerait pour longtemps.

L'ASTUCE CUISINE

Si vous êtes un « fan » du laurier dans vos préparations culinaires et que vous craignez l'absence de récolte en hiver, rassurez-vous, les feuilles sèches conservent parfaitement leurs vertus aromatiques ! En automne, cueillez donc un rameau ou deux, de quoi assurer vos besoins jusqu'au printemps, puis suspendez-les dans la cuisine à l'air libre près du plan de travail. La cueillette en sera encore plus facile…

Plan anti-froid. Si le balcon est très exposé au vent, le laurier-sauce peut souffrir en hiver. Pour éviter de le perdre, isolez l'intérieur du bac avec du polystyrène avant la plantation, paillez le dessus de la motte avec un matelas de paillettes de chanvre, puis emmaillotez la plante dans un voile d'hivernage, sans serrer.

Le feuillage vert foncé du laurier s'associe très bien aux pots de couleurs vives. ▷

Mâche

Apprécie l'ombre

La mâche est une excellente salade à la saveur douce, qui présente de surcroît l'intérêt d'être bonne à récolter en fin de saison. Elle est facile à produire sur le balcon, car elle exige un entretien réduit au strict minimum. On la trouve parfois sous l'appellation « doucette » ou « boursette ».

QUELLES VARIÉTÉS ?

Il faut éviter sur le balcon les variétés de type 'Coquille de Louviers' qui présentent des feuilles creuses en forme de cuillères où s'accumulent l'eau et les éclaboussures de terreau. Elles exigent donc un nettoyage plus fastidieux en cuisine. En revanche, 'Verte de Cambrai' race Cavallo ou 'Granon' vous donneront entière satisfaction !

①

②

③

Mâche :
1-'Verte de Cambrai'.
2-'Coquille de Louviers'.
3-'Granon'.

Bloc-notes

* **EXPOSITION :** mi-ombre, à l'est ou à l'ouest.

* **NOMBRE DE SACHETS :** 1 sachet pour la saison.

* **DIMENSIONS DU POT :** 1 ou 2 jardinières de 50 cm.

* **QUAND SEMER :** de juillet à septembre.

* **TERRE :** fraîche, consistante et ferme.

* **QUAND RÉCOLTER :** 3 mois après le semis.

Réussir ses semis de mâche

La mâche est un des légumes qui savent prendre soin du jardinier, puisqu'elle dispense d'ameublir la terre avant de la semer. Certains jardiniers la sèment même directement dans les allées ! Dans un bac sur le balcon, cette absence de travail du sol est moins importante, mais cela prouve en tout cas que la plante est de culture facile.

1 Après vous être assuré qu'elle dispose bien d'orifices d'évacuation des eaux en excès, remplissez la jardinière avec votre mélange terreux et tassez fermement avec la main.

2 Répartissez les graines à la volée à la surface du substrat, en tapotant sur le sachet avec le doigt. Si vous craignez d'avoir la main trop lourde, utilisez un petit semoir rond. Dans une jardinière, vous ne devez pas semer plus d'un tiers d'un sachet au maximum, afin que chaque plante puisse se développer sans être gênée par les voisines.

3 Recouvrez de terreau émietté, puis tassez fermement avec une planchette ou la main à plat.

4 Arrosez en pluie fine pour ne pas disperser les graines, puis placez la jardinière à l'ombre en attendant la levée, qui doit s'effectuer en une semaine environ.

◁ Les rosettes de mâche peuvent même être récoltées jeunes...

> MÂCHE

QUEL POT ?

La mâche est une petite plante potagère herbacée, et elle se contente de peu de terre. Une vasque ou une simple jardinière, du type de celles qui sont utilisées pour les géraniums des fenêtres, lui suffisent amplement.

QUELLE TERRE ?

Une bonne terre de jardin est ce qui lui convient le mieux. Donc si vous avez l'occasion de remplir une jardinière ou deux dans le potager d'un ami, n'hésitez pas ! Si ce n'est pas possible, procurez-vous un terreau contenant impérativement de la terre végétale ou de l'argile (vérifiez la composition au dos du sac !).

LE CONSEIL DU « PRO »

Il faut reconnaître qu'il n'est pas simple de semer des graines fines sans trop les serrer. Pour vous éviter tous déboires, puis vous affranchir de l'obligation de réaliser un éclaircissage, procurez-vous des tapis de semences. Ce sont des graines réparties avec le bon espacement, entre deux fines feuilles de papier biodégradable. Il suffit de découper le tapis à la forme de la jardinière ou du pot, de le déposer sur le substrat, de recouvrir à peine de terreau, puis d'arroser !

QUEL ENTRETIEN ?

Un mois environ après le semis, les plantules possèdent déjà quelques feuilles. Si votre semis a été trop dru, il vous faut procéder à l'éclaircissage. Cette opération consiste à arracher les plants les plus chétifs pour n'en conserver qu'un tous les 8 cm environ. Arrosez fréquemment pour maintenir le substrat frais.

Si des gelées sont annoncées, n'ayez crainte, la mâche résiste bien au froid. Il est toutefois recommandé de couvrir la jardinière d'un voile d'hivernage pour éviter que le gel n'abîme quelques feuilles.

Il est probable aussi que quelques mauvaises herbes profitent des espaces entre les plants, ainsi que de la fraîcheur entretenue pour s'installer dans la jardinière de mâche. Arrachez-les sans hésiter car la mâche n'aime pas la concurrence. Tassez avec les doigts autour des plants qui ont pu être soulevés.

LA RÉCOLTE

La récolte de la mâche peut débuter 3 mois environ après le semis, au fur et à mesure des besoins. La cueillette est très simple : elle s'opère avec un couteau ou, mieux, une paire de ciseaux, en coupant chaque plant au ras du sol, juste sous la rosette de feuilles. Les racines restent en terre où elles se décomposent rapidement.

Les feuilles de mâche se couvrent de taches. Ces taches brunes sont souvent le signe d'un semis trop serré, donc d'une humidité excessive au niveau des feuilles emmêlées. Arrachez les pieds atteints et procédez rapidement à un éclaircissage pour que l'air puisse circuler entre les plants.

▽ Si on trouve de la mâche en minimottes, la mise en place en jardinière se trouve facilitée.

Menthe

Ça sent bon le Sud !

On ne présente plus la menthe, cette plante aromatique herbacée dont on utilise les arômes pour parfumer les boissons, les glaces et le chocolat ! Elle est très facile à cultiver sur le balcon, où elle libère ses fragrances à chaque fois qu'on la frôle...

QUELLES VARIÉTÉS ?

Il existe de nombreuses espèces et variétés de menthes, et même des plantes qui n'en sont pas mais qui présentent la même saveur ou la même odeur. Mais les plus parfumées, donc les plus intéressantes pour la culture au balcon, ce sont la menthe verte (*Mentha spicata*) et la menthe poivrée (*Mentha piperata*).

1- *Mentha piperata.*
2- *Mentha spicata.*

①

②

Bloc-notes

* **EXPOSITION** : ensoleillée ou mi-ombragée, sud à ouest.

* **NOMBRE DE SACHETS** : 1 sachet pour la saison, ou 1 ou 2 plants pour l'année.

* **QUAND SEMER** : de mars à mai.

* **QUAND PLANTER** : avril.

* **TERRE** : fraîche et fertile.

* **DIMENSIONS DU POT** : 30 cm de diamètre.

* **QUAND RÉCOLTER** : 5 mois après le semis, ou 2 mois après la plantation.

Planter la menthe en godet ou en conteneur

En achetant des plants en godets ou en conteneurs, vous pouvez commencer à récolter les premières feuilles deux mois après la plantation.

1 Faites tremper le pot de menthe dans un seau d'eau pendant une dizaine de minutes, afin de bien humecter le substrat de la motte avant la plantation.

2 Pendant ce temps, disposez un lit de billes d'argile ou de graviers au fond du pot pour garantir un drainage efficace du substrat après chaque arrosage. Comptez une épaisseur de 1/5 de la hauteur du pot.

3 Faites basculer le pot de menthe. Retenez bien la plante en passant les doigts entre les tiges, et retirez le conteneur. Grattez les racines qui apparaissent en périphérie de la motte avec une petite griffe de jardin. Cette opération facilite la reprise.

4 Épandez une couche de substrat sur les billes d'argile, puis déposez la motte dans le pot. Le sommet de la motte doit être 1 ou 2 cm en dessous du haut du pot pour faciliter l'arrosage ultérieur. Comblez de terreau autour de la motte.

5 Tassez avec les doigts le terreau ajouté pour bien le mettre en contact avec les racines.

6 Arrosez immédiatement au tuyau d'arrosage ou avec un arrosoir à long bec, mais sans pomme.

> MENTHE

Elle s'effectue au fur et à mesure des besoins, de mai jusqu'aux premières gelées. Il suffit de prélever les pousses les plus tendres et les plus parfumées, toujours à une quinzaine de centimètres du terreau. La cueillette s'opère avec une paire de ciseaux, un sécateur ou un couteau affûté. La menthe fleurit, c'est normal. Au début de l'été, n'hésitez pas à rabattre toute la plante à 20 cm du terreau, afin d'encourager la production de nouvelles pousses tendres pour la suite de la saison.

QUEL POT ?

La menthe développe un nombre important de racines rhizomateuses, et il faut lui offrir un grand volume de substrat. Un pot de 30 cm de diamètre sur 20 cm de profondeur constitue donc un minimum. Cette densité de racines conduit à privilégier les pots perméables à l'air comme ceux en terre cuite brute, ou bien en bois.

L'ASTUCE CUISINE

Si vous souhaitez conserver des rameaux de menthe pour l'hiver quand votre plante sera rabattue, cueillez des extrémités de tiges avant la floraison. Laissez-les sécher dehors et à l'ombre sur un linge. À la fin de l'été, rangez-les dans des sachets de papier, à l'abri de toute humidité, à portée de main, dans la cuisine.

QUELLE TERRE ?

Compte tenu de sa propension à développer de nombreuses racines, la menthe préfère évidemment les substrats légers où il est facile de progresser ! Elle apprécie en outre les terres humifères, mais aussi fertiles, pour nourrir son importante végétation. Offrez-lui donc un terreau enrichi aux algues, de type Or Brun ou Algo-Forestier.

QUEL ENTRETIEN ?

La menthe est gourmande et si, la première année, elle se contente de ce qu'elle trouve dans son pot, aux printemps suivants il faudra incorporer des paillettes de corne au mélange terreux, pour lui apporter l'azote nécessaire à son important feuillage. Cet engrais organique assure une diffusion progressive au cours de la saison. Veillez à ce que le terreau reste frais, mais sans arrosages excessifs.

LES BONS MARIAGES

La menthe n'est pas partageuse, et il faut impérativement la planter seule dans un pot. Sa propension à s'étaler par ses rhizomes risque fort en effet d'étouffer rapidement toutes les plantes voisines. Il faut même veiller à ce que certains de ses rameaux ne s'enracinent pas dans les pots voisins, car elle deviendrait difficile à déloger. En revanche, son parfum puissant déroute bon nombre de parasites, et notamment ceux du chou. Il est donc toujours possible d'approcher la potée du bac à chou pour former une barrière olfactive !

Le feuillage de ma menthe dépérit ! C'est normal, le feuillage de la menthe disparaît complètement en hiver, avant de se renouveler à partir du printemps suivant. Pour que la potée reste présentable durant la mauvaise saison, coupez toutes les tiges à quelques centimètres du terreau, en novembre. Recouvrez d'une couche de compost de quelques centimètres.

Persil

À replanter chaque année

Le persil est un incontournable de la cuisine, et Charlemagne en faisait déjà cultiver aussi sur ses terres... Il s'agit d'une plante bisannuelle, c'est-à-dire qu'elle produit des feuilles l'année de son semis, puis des fleurs avant de mourir l'année suivante. Sur le balcon, on ne le cultive donc qu'une année, avant de s'en débarrasser...

QUELLES VARIÉTÉS ?

Il existe deux grandes catégories de persils : celle à feuilles plates qui regroupe les variétés généralement les plus parfumées, et celle à feuilles dites frisées, moins goûteuses, mais plus décoratives dans les plats et plus croquantes sous la dent. Les variétés frisées sont souvent de taille plus réduite, et donc plus adaptées à une culture en pot. Parmi les « plats », retenez 'Titan', chez les « frisés », il faut essayer 'Favorit' et 'Bukett'.

△ Persil 'Titan'.

▽ Persil 'Favorit'.

Bloc-notes

* **EXPOSITION :** mi-ombragée, ouest.
* **NOMBRE DE SACHETS :** 1 sachet pour la saison, ou 1 ou 2 plants pour l'année.
* **QUAND SEMER :** de mars à mai.
* **TERRE :** fraîche et meuble.
* **DIMENSIONS DU POT :** 20 cm de diamètre.
* **QUAND RÉCOLTER :** 3 mois après le semis, ou 1 mois après la plantation.

Planter le persil en godet ou en conteneur

L'achat de plants de persil en godet constitue une solution de facilité que je conseille au plus grand nombre. Certes, on ne trouve peut-être pas les variétés que l'on souhaite, mais la plantation est facile, et la récolte possible un mois plus tard...

1 Avant la plantation, faites tremper le godet ou le conteneur dans un seau d'eau pendant une dizaine de minutes, afin de bien humecter le substrat de la motte avant la plantation. Avec un transplantoir, faites un trou dans le terreau, de dimensions légèrement supérieures à celles de la motte.

2 Retournez le conteneur, retenez bien la plante en passant les doigts entre les tiges, et retirez le conteneur. Grattez les racines qui apparaissent en périphérie de la motte, avec une petite griffe de jardin. Cette opération facilite la reprise.

3 Déposez la motte dans le pot. Le sommet de la motte doit être 1 ou 2 cm en dessous du niveau du pot pour faciliter l'arrosage ultérieur.

4 Comblez de terreau autour de la motte.

5 & 6 Tassez avec les doigts, non pas sur la motte, mais sur le terreau ajouté pour bien le mettre en contact avec les racines. Arrosez immédiatement au tuyau d'arrosage ou bien avec un arrosoir à long bec mais sans pomme.

> PERSIL

QUEL POT ?

Le persil n'est guère exigeant sur le contenant qui l'héberge. Il redoute seulement d'avoir, en été, les racines trop au chaud, dans un pot dont le matériau absorbe la chaleur. Il faudra donc lui éviter les pots de récupération en métal, sauf s'il est possible de les mettre à l'abri d'un cache-pot...

QUELLE TERRE ?

Le persil apprécie les terres fraîches, meubles et humifères. Le terreau lui convient donc tout à fait ! Il se développe encore mieux si ce terreau est enrichi. Il vous faudra donc opter pour un terreau de type Or Brun, ou bien n'importe quel terreau « plantation » auquel vous aurez incorporé des paillettes de corne.

QUEL ENTRETIEN ?

Si sa levée est laborieuse, le persil se développe par la suite assez vite. Il suffit de toujours maintenir le terreau au frais, quitte à le pailler, et surtout de ne pas installer le bac ou le pot en plein soleil.

LA RÉCOLTE

La récolte du persil s'effectue au fur et à mesure des besoins. Elle commence 2 mois et demi à 3 mois après le semis, puis se poursuit jusqu'aux premières gelées. Elle s'effectue en coupant des feuilles entières au ras du terreau, avec une paire de ciseaux, un sécateur ou un couteau affûté. N'ayez pas peur, le persil produit de nouvelles pousses juste après votre récolte.

Réussir ses semis de persil

Le persil est difficile à multiplier par semis : la germination et la levée sont très longues (quatre semaines et plus). Et il suffit que l'on laisse sécher le terreau pour que les graines meurent. Le persil demande donc une attention quotidienne... Semez-le directement en place, sur le balcon.

1 Pour améliorer un peu la germination, faites tremper les graines dans une assiette d'eau tiède à la maison, durant 2 jours avant le semis.

2 Dispersez une dizaine de graines à la surface du terreau.

3 Recouvrez d'une très fine couche de terreau tamisé, puis tassez fermement avec le dos de la main. S'il s'agit de graines prégermées, tassez délicatement.

4 Arrosez immédiatement, et maintenez impérativement le sol frais jusqu'à la levée, qui s'effectue en un mois environ (une semaine avec les graines prégermées).

5 Quand les plantules ont formé 4 ou 5 feuilles, procédez à l'éclaircissage, en arrachant les plants les plus chétifs pour n'en conserver que 2 ou 3 parmi les plus vigoureux. Saisissez les plantules à arracher par la base, puis soulevez-les.

6 Tassez avec les doigts autour des plantules conservées, car elles peuvent avoir été déracinées lors de l'arrachage de leurs voisines.

LE CONSEIL DU « PRO »

*Le persil a un gros défaut, il met plusieurs
semaines à germer, décourageant plus
d'un jardinier de balcon ! C'est pour
cette raison que vous trouverez dans
certains catalogues spécialisés des graines
dites prégermées. Vous ne trouverez peut-être
pas toutes les variétés habituelles sous
cette forme, mais en tout cas, vous avez
la garantie d'une levée en une semaine
au lieu de quatre…*

L'ASTUCE CUISINE

*Comme la plupart des plantes aromatiques,
cueillez-le de préférence le matin, et placez
les branches dans un verre d'eau dans
la cuisine. Hachez-le au moment de l'ajouter
dans le plat, juste avant de servir, pour profiter
davantage de son arôme.*

▽ Le persil est l'un des rares bons compagnons du fenouil.

95

Poirée

Légume facile

Proche de la betterave, la poirée, souvent appelée blette, bette ou bette à cardes selon les régions, est une plante potagère cultivée surtout pour son large pétiole charnu. Elle est très graphique sur un balcon où elle s'installe et pousse vite sans aucune difficulté.

QUELLES VARIÉTÉS ?

La poirée traditionnelle est à larges côtes blanches, avec notamment la variété 'Verte à Carde Blanche', race d'Ampuis. Mais sur le balcon, il faut aussi savoir jouer avec les couleurs, et ne pas hésiter à installer 'Rhubarb Chard', à côtes rouge vif, ou 'Bright Lights', dont les côtes peuvent être roses, jaunes, orange, pourpres… Effet décoratif garanti !

Bloc-notes

* **EXPOSITION :** soleil, au sud ou à l'ouest.

* **NOMBRE DE SACHETS :** 1 sachet pour la saison, ou 3 plants.

* **DIMENSIONS DU POT :** bac de 30 x 30 cm.

* **QUAND SEMER :** en avril-mai.

* **TERRE :** fraîche et profonde.

* **QUAND RÉCOLTER :** 2 mois et demi après le semis.

Poirées :
1-'Bright Lights'.
2-'Verte à Carde Blanche'.

QUEL POT ?

La poirée développe un important volume radiculaire, en rapport avec ses larges feuilles. Il faut donc lui donner les moyens de se développer en l'installant dans un pot ou un bac d'au moins 30 x 30 cm, avec une profondeur de substrat équivalente. En pot individuel, il est du reste plus facile de déplacer la poirée pour modifier le décor du balcon en fonction des floraisons.

QUELLE TERRE ?

La poirée se trouve bien dans une bonne terre de jardin. Sur le balcon, il faudra donc essayer de la satisfaire avec un peu de cette terre glanée dans le potager d'un ami. À défaut, trouvez un terreau « plantation » contenant impérativement de la terre végétale ou de l'argile (regardez au dos du sac !). Dans ce substrat humifère, elle trouvera un support qui reste frais en été, ce qui lui convient tout à fait.

Réussir ses semis de poirée

La poirée se sème en avril ou en mai, après les dernières gelées, pour garantir une levée rapide. On la sème directement en place, c'est-à-dire dans le pot ou le bac où elle va se développer. En effet, si on lui impose un repiquage, elle développe bien souvent une tige florale dont on n'a que faire, au détriment de son feuillage…

1 Déposez 3 graines à la surface du terreau, en les espaçant de quelques centimètres.

2 Enfoncez-les de 1 cm avec le doigt, puis recouvrez-les de terreau.

3 Arrosez immédiatement, puis tenez le substrat impérativement frais jusqu'à la levée qui peut paraître assez longue puisqu'elle peut demander une douzaine de jours.

4 Placez le pot à l'ombre, ou bien couvrez-le avec une cagette.

Quand les plantules ont développé 3 ou 4 feuilles, arrachez les moins vigoureuses, puis tassez autour de celle qui a été conservée. Arrosez-la pour bien remettre le terreau en contact avec ses racines.

> POIRÉE

QUEL ENTRETIEN ?

Installez le pot en plein soleil. La poirée pousse alors régulièrement, surtout si elle ne manque jamais d'eau. Elle redoute en effet la sécheresse. En été, un paillage de la surface du pot est vivement conseillé pour permettre d'espacer les arrosages. Très sensible aux engrais à base d'algues, la poirée se développe avec encore davantage d'opulence si vous l'arrosez une fois par mois avec un de ces engrais.

LES BONS MARIAGES

Sous les grandes feuilles de la poirée, à l'ombre et au frais, se plaisent très bien les radis de tous les mois, puis la mâche en automne, tous les deux formant avec leurs feuilles un paillage bénéfique pour la poirée.

LA RÉCOLTE

On peut commencer à cueillir les feuilles de la poirée 2 mois et demi après le semis. C'est très simple, car il suffit de couper les feuilles une à une à leur base, avec un couteau, en fonction des besoins. Mais on peut aussi décider de ne pas les cueillir, pour pouvoir profiter de leur effet décoratif jusqu'aux premières gelées…

Planter la poirée en godet ou en conteneur

Les plants sont intéressants pour ceux qui n'auraient pas eu le temps de semer, ou pour profiter plus rapidement de l'effet décoratif de la poirée. Dans ce cas, installez les plants dès que les dernières gelées sont passées, à exposition ensoleillée. Prenez garde de ne pas briser la motte lors de la plantation, afin de réduire au maximum le stress lié au « repiquage ». Arrosez immédiatement, et ne laissez surtout pas vos poirées manquer d'eau au cours de l'été !

Les feuilles se déforment. La déformation des feuilles sur une plante est souvent due à des piqûres de parasites. Dans le cas de la poirée, il s'agit souvent de pucerons qui se réfugient dans le cœur de la plante. Ce sont d'ailleurs les feuilles du centre qui trahissent les premières la présence de l'indésirable, en jaunissant, puis en se déformant. Une ou deux pulvérisations d'une solution de savon noir liquide suffisent généralement si vous intervenez dès le début de l'attaque.

L'ASTUCE CUISINE

Si ce sont surtout les pétioles que l'on consomme (délicieux, à la béchamel !), on peut aussi utiliser les feuilles, qui se préparent comme celles des épinards. Sur les variétés très colorées, les feuilles se dégustent plutôt jeunes, crues en salades. La variété 'Rhubarb Chard' a d'ailleurs une saveur bien à elle, très utile pour varier les plaisirs.

▽ En installant la poirée seule dans son pot, on peut plus facilement varier les décors.

Pois

À consommer en début d'été

Le petit pois frais est tellement sucré que nous pouvons le considérer comme l'une des friandises du jardin. Il existe des variétés à grains ronds (ou lisses), résistant au froid et qui peuvent être semées dès février, mais elles sont moins sucrées. Les pois à grains ridés, qui se sèment jusqu'en juin, sont nettement meilleurs. Ce sont les variétés qu'il faut cultiver au balcon !

QUELLES VARIÉTÉS ?

Comme les haricots, les pois se déclinent en variétés « naines » qui ne dépassent pas 40 cm de haut, et grimpantes qui s'élèvent jusqu'à 1,50 m et auxquelles il faut offrir un support. Parmi les naines, retenez 'Grandera' et 'Profita', et parmi les variétés à ramer, 'Maxigolt' ou 'Alauws Shokker', aux gousses violettes.

①

②

③

Bloc-notes

* **EXPOSITION** : soleil, sud ou ouest.

* **NOMBRE DE SACHETS** : 1 boîte pour la saison.

* **DIMENSIONS DU POT** : tout pot de 35 cm de diamètre.

* **QUAND SEMER** : de mars à mai.

* **TERRE** : légère et fraîche.

* **QUAND RÉCOLTER** : 3 ou 4 mois après le semis.

Pois :
1-'Profita',
2-'Alauws Shokker',
3-'Grandera'.

Réussir ses semis de pois

Le petit pois se multiplie par semis, directement en place, c'est-à-dire là où il va se développer et produire ses gousses. Semez-le dès mars, dans la mesure où le substrat n'est pas gelé, et jusqu'en mai, sachant que la levée est d'autant plus certaine que la terre est bien réchauffée.

1 Les graines de pois ressemblent aux petits pois que l'on mange, mais elles sont simplement beaucoup plus déshydratées. Pour accélérer la germination, faites tremper les graines dans une assiette d'eau tiède pendant quelques heures avant le semis. Éliminez les graines qui restent à la surface de l'eau à la fin du « bain », car elles ne germeront pas.

2 Avec l'index, et sur une profondeur d'environ deux phalanges, faites dans le substrat 3 trous en triangle espacés d'une dizaine de centimètres.

3 Déposez un grain par trou. Comblez avec du terreau, et tassez bien avec le plat de la main. Arrosez immédiatement pour bien mettre le substrat en contact avec les grains. La levée se produit en 10 à 15 jours. En couvrant le pot avec un film plastique, vous accélérerez la levée de quelques jours.

Les pois grimpants nécessitent un support pour y accrocher leurs vrilles. Quand la levée est effective, fichez quatre tuteurs en bambou dans le pot et réunissez-les au sommet pour former une sorte de tipi de 0,80 m de haut. Guidez les rameaux au départ, puis laissez-les faire. Après la récolte, vous arracherez tout, plants et tuteurs. Il suffira de laisser sécher les plants quelques jours au soleil pour les retirer facilement en les faisant coulisser sur le bambou.

> POIS

QUEL POT ?

Le petit pois apprécie les sols bien ameublis où il peut envoyer ses racines en profondeur pour assurer sa stabilité. Sur le balcon, tout bac ou pot avec une profondeur de terreau d'au moins 30 cm, sans tenir compte de la couche drainante, fera l'affaire. Préférez cependant ceux dont les parois sont imperméables, en métal ou en plastique par exemple, car ils retiennent bien mieux l'humidité et la fraîcheur recherchées par le pois.

QUELLE TERRE ?

Le pois n'aime pas les terres trop calcaires, ni trop acides, ni trop mouillées… Les terreaux du commerce devraient donc lui convenir, parmi les références « plantation » ou « potager ». Pour les rendre plus meubles encore, vous pouvez leur incorporer du sable de Loire à raison de 1/3 du volume total de substrat.

QUEL ENTRETIEN ?

Quand les plants atteignent une vingtaine de centimètres de haut, remontez le terreau le long de la tige. Grâce à ce buttage, de nouvelles racines vont apparaître, assurant un meilleur ancrage de la plante et une plus grande capacité à aller chercher la nourriture dans le terreau. Les variétés grimpantes trouvent d'elles-mêmes le support pour y lancer leurs vrilles.

Efforcez-vous de maintenir le terreau toujours frais, par des arrosages quotidiens, ou, mieux, en installant une couche de quelques centimètres de paillage.

L'ASTUCE CUISINE

Pour conserver un maximum de vitamines et de nutriments, faites cuire les petits pois à la vapeur, dans un cuit-vapeur posé sur une casserole d'eau bouillante. Plus rapide que la cuisson à l'eau (10 minutes tout au plus) cette méthode donne des pois moins fripés et là la peau moins dure…

LE CONSEIL DU « PRO »

Attention, les grains de pois semés au printemps suscitent la convoitise des oiseaux, et notamment dans les pots sur les balcons, car ils sont faciles à dénicher dans le terreau meuble ! Si vous souhaitez profiter de vos récoltes, prenez donc la précaution de couvrir pots ou bacs avec un filet que vous laisserez en place jusqu'à ce que les plants atteignent 5 cm de haut environ…

LA RÉCOLTE

La récolte est possible 3 mois et demi après le semis. Cueillez quand les gousses sont encore vertes, bien pleines, quand leur enveloppe est encore pruineuse. Ainsi, les grains ne seront pas encore farineux ! Ne tirez pas sur les gousses, mais pincez plutôt le pédoncule avec les ongles du pouce et de l'index. La récolte s'effectue toujours en 3 ou 4 passages, tous les 3 jours environ, sachant que ce sont toujours les gousses les plus basses qui arrivent à maturité les premières. Vous pouvez aussi avancer la date de la récolte, en coupant la tige principale de la plante au-dessus du cinquième bouquet ou groupe de fleurs.

Les gousses des pois mangetout se consomment entières, sans avoir besoin d'être écossées. ▷

Poivron

Saveur douce ou forte

On l'appelle aussi « piment doux », par opposition au « piment fort », ce petit piment à la saveur forte, sinon brûlante, et beaucoup employé dans la cuisine exotique. Sur le balcon, le poivron apporte surtout une touche de couleur grâce à ses fruits verts, puis jaunes ou rouges. Ils sont parfaitement consommables et savoureux, mais en nombre tout juste suffisant pour une seule ratatouille familiale.

QUELLES VARIÉTÉS ?

Il existe beaucoup de variétés différentes dans les catalogues spécialisés. Parmi les plus faciles, productives et spectaculaires, retenez 'Ariane' aux fruits parfumés orange vif, 'Doux Très Long des Landes', aux fruits verts, puis rouges, ou encore 'Carré Rouge' ou 'Carré Jaune', très productifs.

① ②

Poivrons :
1-'Ariane'.
2-'Doux Très Long des Landes'.

Bloc-notes

* **EXPOSITION** : plein soleil, plein sud.
* **NOMBRE DE SACHETS** : 1 sachet pour la saison, ou 2 ou 3 plants.
* **DIMENSIONS DU POT** : pot de 20 x 20 cm.
* **QUAND SEMER** : de février à avril.
* **TERRE** : humifère et fraîche.
* **QUAND RÉCOLTER** : 5 ou 6 mois après le semis.

Réussir ses semis de poivrons

Le poivron se multiplie par semis. Mais c'est une plante très frileuse (le moindre gel détruit toute la plante), et il est donc indispensable de le semer sous miniserre chauffée à la maison, avant de le planter à l'extérieur, quand tout risque de gel est écarté. Il faut environ deux mois entre le semis et le repiquage. Au nord de la Loire, il est sage d'attendre la fin mai pour installer les poivrons dehors. Le semis ne doit donc pas avoir lieu avant la fin mars. Plus on descend vers le sud, plus tôt on peut les sortir sur le balcon, donc semer plus tôt. Au bord de la Méditerranée, on peut les semer en février.

1 Semez les poivrons en godets de tourbe remplis de terreau à semis, et placez-les dans une miniserre chauffée, dans une pièce de la maison, devant une fenêtre, dans une serre ou une véranda.

2 Déposez 3 graines par godet, en triangle, espacées de 2 ou 3 cm. Enfoncez-les avec le doigt de manière à les recouvrir de 0,5 cm de terreau bien tamisé.

3 Tassez avec les doigts, une planchette ou le dos d'un transplantoir.

4 Arrosez en pluie fine pour bien mouiller le substrat. Fermez la serre. La levée se produit en 8 à 10 jours.

⊕ Un mois plus tard, arrachez dans chaque godet les 2 plants les plus chétifs afin de faciliter le développement du plus vigoureux. Tassez avec les doigts autour du plant conservé, car il peut avoir été déraciné lors de l'arrachage des 2 autres. Arrosez immédiatement pour bien remettre le terreau en contact avec les racines. Arrêtez le chauffage, et gardez la miniserre entrouverte en permanence, toujours dans la maison.

> POIVRON

QUEL POT ?

Les racines du poivron ont plutôt tendance à descendre en profondeur qu'à s'étaler. Sur le balcon, un contenant de 20 cm de diamètre ou de côté lui suffit, tant qu'il y a au moins une profondeur de terreau de 30 cm, plus la couche drainante. Tous les matériaux lui conviennent, y compris les contenants aux parois imperméables, en métal ou en plastique.

QUELLE TERRE ?

Le poivron apprécie un terreau enrichi de matière organique. Installez-le donc un terreau du commerce type « Or Brun régénérant » ou « Terreau universel 4-Vaulx ». Ce sont deux produits enrichis avec du compost aux algues, qui conviennent particulièrement au poivron. Mais vous pouvez aussi utiliser un terreau « plantation » standard auquel vous mélangerez votre propre compost de déchets. Attention dans ce cas à utiliser un compost bien mûr, car le poivron redoute les produits n'ayant pas achevé leur décomposition.

QUEL ENTRETIEN ?

Maintenez ensuite le terreau frais, mais sans excès, pour que les plants poussent régulièrement. Deux semaines avant la période prévue pour l'installation en bac, sortez quotidiennement votre miniserre sur le balcon aux meilleures heures de la journée, couvercle grand ouvert. L'objectif est d'endurcir les plants, afin que le passage de la serre au balcon soit moins traumatisant.

Dès avril dans le Midi, mais pas avant la fin mai au nord de la Loire, vous pouvez installer vos plants dans leur bac sur le balcon, avec leur godet de tourbe dont les parois doivent être déjà traversées par les racines. Recouvrez la surface du godet de 2 ou 3 cm de terreau. Il vaut mieux que le godet soit enterré plutôt que sorti de terre. Si vous plantez plusieurs pieds dans le même bac, comptez 40 cm au minimum entre deux plants. Arrosez copieusement, toujours au pied, et paillez pour retenir l'humidité. Et surtout, placez le bac en plein soleil.

Ailleurs que dans le Midi, pour donner toutes leurs chances aux fruits qui pourront raisonnablement mûrir avant l'automne, n'hésitez pas à tailler vos plants – coupez l'extrémité des tiges 2 cm au-dessus du deuxième fruit.

LA RÉCOLTE

Les poivrons peuvent être cueillis dès qu'ils ont atteint leur taille définitive, et quelle que soit alors leur couleur, même verte. Comptez en général 5 mois entre le semis et le début de la récolte. Les poivrons se récoltent au fur et à mesure des besoins. Contrairement aux tomates, le pédoncule ne casse pas sous la pression. Il faut saisir le fruit d'une main et couper le pédoncule avec un sécateur ou un couteau. Comme les tomates, en revanche, les poivrons continuent de mûrir et de se colorer après avoir été cueillis. C'est intéressant quand la météo devient défavorable en fin d'été...

▽ Des tuteurs sont souvent nécessaires pour éviter aux rameaux
de ployer sous le poids des fruits.

Radis

Culture facile

L e radis de tous les mois est assurément le légume le plus facile à cultiver ! Ses graines sont grosses et bien visibles, et il est bon à manger de trois à six semaines après semis selon les variétés. Tonique et rafraîchissant, il faut le consommer sans modération.

QUELLES VARIÉTÉS ?

'De 18 Jours' est un incontournable puisqu'il est bon à récolter moins de trois semaines après avoir été semé ! Les amateurs d'originalité pencheront pour 'Zlata', à la racine jaune, 'Rond Blanc', tout blanc, ou encore 'Viola', à la robe violette. Parmi les variétés les plus savoureuses, il faut retenir 'Mirabeau' et 'Patricia'.

Bloc-notes

* **EXPOSITION** : mi-ombre, est ou ouest.

* **NOMBRE DE SACHETS** : 3 sachets pour la saison.

* **DIMENSIONS DU POT** : 20 cm de diamètre.

* **QUAND SEMER** : de mars à septembre.

* **TERRE** : facile à travailler et riche en humus.

* **QUAND RÉCOLTER** : 3 à 6 semaines après le semis.

Radis :
1-'Rond Blanc'.
2-'Viola'.
3-'Zlata'.

Réussir ses semis de radis

Le radis se reproduit uniquement par semis, en place. Aucun repiquage n'est nécessaire. Semez-le à partir de mars (pas plus de 1/3 de sachet à chaque fois, pour ne pas avoir trop de radis en même temps). Renouvelez le semis tous les quinze jours environ, de mars à septembre, pour échelonner la récolte.

1 Ameublissez bien le mélange terreux et égalisez la surface en brisant les éventuelles mottes.

2 Les graines de radis sont assez grosses pour être saisies une à une avec les doigts et pour être bien visibles sur le terreau. Semez-les à la volée : versez un tiers du sachet dans votre paume et répartissez les graines sur le terreau en secouant la main. Les graines doivent être distantes d'au moins 3 cm.

3 S'il s'agit d'une variété à racine allongée, recouvrez d'une couche de terreau de 1 cm d'épaisseur, puis tassez avec le plat de la main. S'il s'agit d'une variété à racine sphérique, tassez directement, sans recouvrir de terreau.

4 Arrosez immédiatement pour mettre le substrat en contact avec les graines. La levée a lieu en 3 à 5 jours.

5 Quand les plantules atteignent 2 cm environ, procédez à l'éclaircissage éventuel. L'opération est nécessaire si, lors du semis, des graines sont tombées l'une à côté de l'autre. Elle consiste à arracher les plants en surnombre, en général les plus chétifs, pour ne conserver que les plus vigoureux.

> RADIS

QUEL POT ?

Bien que ce soit un légume-racine, le radis de tous les mois exige peu de profondeur de terreau. Sa racine se développe en effet presque pour moitié au-dessus de la surface du sol, notamment chez les variétés à racines plus ou moins sphériques. Une simple jardinière comme celles utilisées habituellement pour les célèbres géraniums suffit donc amplement pour le semis d'une volée de graines. Mais rien ne vous empêche de semer des radis dans un pot plus profond, ou entre des plantes de grandes dimensions installées dans un grand bac…

QUELLE TERRE ?

Comme la majorité des légumes-racines, le radis est plus heureux dans une terre qui ne durcit pas au fil des mois, ce qui lui permet de développer une racine plus importante. Il redoute en outre toute période de sécheresse qui pourrait conduire sa racine à se creuser. Cultivez-le dans un terreau « plantation », allégé avec du sable pour moitié.

QUEL ENTRETIEN ?

Le radis pousse tout seul, tant que sa racine ne souffre pas de la sécheresse. Le paillage est quasiment impossible à mettre en place. Arrosez donc tous les jours. Si des « mauvaises » herbes apparaissent entre les radis, arrachez-les avant qu'elles ne deviennent des concurrentes.

Romarin

L'hiver, n'arrosez plus !

L Le romarin est un arbuste d'origine méditerranéenne qui peut atteindre 1,50 m de haut pour 1 m d'envergure. Il produit des feuilles persistantes sur des rameaux dressés dont on prélève les extrémités. Il faut absolument l'installer en plein soleil, sur un balcon orienté au sud.

QUELLES VARIÉTÉS ?

Il existe quelques variétés à feuillage décoratif ou à port plus ou moins rampant, ainsi que d'autres à fleurs blanches ou roses, mais seule l'espèce type convient à une utilisation culinaire.

Bloc-notes

* **EXPOSITION** : très ensoleillée, sud.

* **NOMBRE D'EXEMPLAIRES** : 1 plant par balcon.

* **QUAND PLANTER** : en mars-avril.

* **TERRE** : légère et bien drainée, de préférence un peu calcaire.

* **DIMENSIONS DU POT** : 40 cm de diamètre.

* **QUAND RÉCOLTER** : 1 mois après la plantation, puis de mars aux gelées.

1-Romarin en fleurs.
2-Le romarin se bouture dans le sable.

Planter le romarin en godet ou en conteneur

Le romarin pousse bien partout en France s'il est exposé au soleil et abrité des vents froids. Au nord de la Loire, on le plante au printemps, afin qu'il ait le temps de développer ses racines avant la première saison froide. Sinon, on peut l'installer à partir de novembre. Il est toujours vendu en godet ou en conteneur.

1 Plongez la motte avec son conteneur dans un seau d'eau, pendant quelques minutes, afin de bien l'imprégner avant la plantation.

2 Avec un transplantoir, faites un trou dans le terreau, légèrement plus grand que le volume de la motte.

3 Sortez le romarin de son bain, et retournez-le pour extraire délicatement le conteneur. Griffez la motte afin de dégager les racines apparentes et provoquer leur installation rapide dans leur nouvel environnement.

4 Posez la motte dans le trou. Son sommet doit toujours affleurer la surface du substrat. Si nécessaire, corrigez en creusant davantage ou en ajoutant du terreau (il vaut mieux que la motte soit trop haute que trop enfoncée). Comblez de terreau tout autour.

5 Tassez légèrement au fur et à mesure du rebouchage, pour mettre le terreau en contact avec les racines.

6 Arrosez au bec d'arrosoir. Arrêtez dès que l'eau commence à sortir par les trous de drainage au fond.

> ROMARIN

QUEL POT ?

Comme le laurier-sauce, le romarin peut vivre long-temps, et il faut le planter dans un grand bac où il pourra développer ses racines à son aise. Offrez-lui un contenant carré d'au moins 40 cm de côté (il y a plus de terreau que dans un pot rond), avec une profondeur au moins identique. Il faut le planter seul afin qu'il ne souffre pas de la concurrence. Le maté-riau doit être bien aéré, car le romarin redoute l'hu-midité stagnante, et c'est donc vers le bois ou la terre cuite non peinte qu'il faut se tourner. Veillez à la présence de plusieurs orifices de drainage à la base du contenant !

QUELLE TERRE ?

Exigeant une terre très perméable, le romarin ne doit pas être planté dans du terreau pur. Préparez-lui plutôt le même mélange que pour le laurier, constitué de 50 % de terre de jardin (de préférence calcaire) prélevée dans le potager d'un ami, 25% de sable de Loire, et 25% de polystyrène. Vous obtiendrez un substrat léger et bien drainant qui lui conviendra parfaitement.

QUEL ENTRETIEN ?

Au cours de l'année et surtout de l'été qui suit la plantation, il faut l'arroser une fois par semaine, de la même manière qu'à la plantation. Au cours de l'hiver, arrêtez tout arrosage, l'humidité étant encore plus à craindre que le froid pour les racines. L'année suivante, un arro-sage mensuel sera suffisant.

Taillez le romarin chaque année après la floraison pour supprimer les fleurs fanées et favoriser l'apparition de nou-veaux rameaux. C'est également utile pour le maintenir dans des proportions acceptables sur le balcon où il est installé. Ne le taillez cependant pas après septembre afin que les plaies de coupe soient cicatrisées avant les premières gelées.

LA RÉCOLTE

La récolte des feuilles peut s'effectuer d'avril à octobre, par prélèvement de rameaux. Elle s'opère avec une paire de ciseaux ou, mieux, un sécateur car le bois est plutôt dur. Prélevez les extrémités des tiges, toujours les plus parfumées. Il est possible de conserver les cueillettes de printemps, réalisées avant la floraison, après les avoir fait sécher à l'ombre, puis simplement stockées dans un bocal de verre à la cuisine.

Le romarin gagne à être cultivé avec la sarriette et le thym, autres aromatiques méditerranéennes. ▷

Sarriette

Optez pour le bac en bois

La sarriette vivace est une plante herbacée aromatique de 20 à 40 cm de haut, dont les tiges très ramifiées sont ligneuses. Elle présente de petites feuilles étroites et parfumées, auxquelles certains prêtent des vertus aphrodisiaques.

QUELLES VARIÉTÉS ?

Il n'existe pas de variétés horticoles de sarriette vivace, mais on peut trouver des variantes ou bien d'autres espèces plus ou moins intéressantes comme *Satureja montana citriodora*, au parfum citronné.

Bloc-notes

* **EXPOSITION** : ensoleillée, sud.
* **NOMBRE DE SACHETS** : 1 sachet pour la saison, ou 1 plant pour l'année.
* **QUAND SEMER** : avril.
* **QUAND PLANTER** : en avril ou octobre.
* **TERRE** : bien drainée, légèrement calcaire.
* **DIMENSIONS DU POT** : 20 cm de diamètre.
* **QUAND RÉCOLTER** : 5 mois après le semis, ou 2 mois après la plantation.

△ *Satureja montana.*

△ Estragon, sarriette, persil, ciboulette et thym.

Planter la sarriette en godet ou en conteneur

Même si la sarriette vivace est disponible en sachet de graines, il est plus simple et plus rapide de passer par un sujet en plant, facile à trouver dans le commerce.

1 Faites tremper la sarriette avec son godet ou son conteneur dans un seau d'eau pendant une dizaine de minutes, afin de bien humecter le substrat de la motte. Pendant ce temps, disposez un lit de billes d'argile ou de graviers au fond du pot pour garantir le drainage.

2 Remplissez alors avec le mélange terreux, jusqu'à 2 cm du rebord du pot, puis faites un trou au milieu, destiné à accueillir la motte.

3 Sortez la sarriette de son seau, retournez-la, retenez bien la plante en passant les doigts entre les tiges et retirez le conteneur.

4 Grattez les racines qui apparaissent en périphérie de la motte, avec une petite griffe de jardin.

5 Déposez la motte dans le trou. Le sommet de la motte doit être à 1 ou 2 cm du haut du pot pour faciliter l'arrosage. Comblez de terreau autour de la motte. Tassez avec les doigts, non pas sur la motte, mais sur le terreau ajouté, pour bien le mettre en contact avec les racines.

6 Arrosez immédiatement au tuyau d'arrosage ou bien avec un arrosoir à long bec mais sans pomme.

> SARRIETTE

LA RÉCOLTE

La cueillette de la sarriette vivace se fait au fur et à mesure des besoins, de mai à septembre. Elle s'effectue en prélevant les pousses les plus tendres et les plus parfumées, avec une paire de ciseaux, un couteau affûté ou simplement à la main en cassant les tiges. La sarriette fleurit de juillet à octobre. Au début de l'été, n'hésitez donc pas à rabattre toute la plante à 20 cm du terreau, afin de supprimer ces fleurs inutiles, et d'encourager la production de nouvelles pousses tendres pour la fin de la saison. Faites aussi sécher quelques pousses, cueillies au printemps, pour les besoins de l'automne et de l'hiver, puis conservez-les dans un bocal de verre en cuisine.

QUEL POT ?

La sarriette n'est pas envahissante, et un pot d'une vingtaine de centimètres de diamètre lui suffit. Mais elle préfère de loin les terres sèches, et ne poussera pas dans un contenant qui retient trop l'humidité et ne laisse pas respirer ses racines. Évitez-lui donc les récipients métalliques de récupération, les pots en plastique, et tous les matériaux « imperméables ». Le bac en bois est sans aucun doute le mieux approprié. Prévoyez une couche de drainage de 1/5 de la hauteur du pot

QUELLE TERRE ?

La sarriette vivace affiche une nette préférence pour les sols secs, ou tout au moins très bien drainés où l'eau ne s'accumule pas au niveau de ses racines. Le terreau standard du commerce ne lui convient donc pas du tout !

Comme pour les autres plantes originaires du pourtour méditerranéen, préparez-lui un mélange constitué de 50 % de terre de jardin (de préférence calcaire), 25 % de sable de Loire, et 25 % de polystyrène. Vous obtiendrez un substrat léger et bien drainant qui

lui conviendra parfaitement. Si vous ne trouvez pas de sable et de polystyrène pour réaliser ce mélange optimal, plantez la sarriette dans de la terre de jardin pure. Vous devrez la rempoter chaque année pour aérer ses racines.

QUEL ENTRETIEN ?

La sarriette peut rester dans son pot cinq ans environ. Après, il est préférable de la remplacer, car elle perd progressivement de son parfum… Il faut l'arroser une fois par semaine au cours de l'année qui suit la plantation, puis la laisser vivre. À la fin de l'automne, retirez 1 ou 2 cm de terreau à la surface du pot, et remplacez-le par un compost bien mûr.

LES BONS MARIAGES

Comme la plupart des aromatiques, la proximité de la sarriette vivace est appréciée par nombre de plantes du balcon, car elle éloigne certains parasites indésirables. Elle semblerait aussi bénéfique au haricot…

△ Les pousses les plus tendres sont prélevées avec des ciseaux, un couteau affuté ou à la main.

Sauge

Éloigne les parasites

La sauge officinale est une plante vivace connue des jardiniers depuis l'Antiquité. C'est dire si ses vertus sont reconnues ! Au jardin et sur le balcon, elle est indispensable à plusieurs égards : elle sert évidemment d'aromatique pour la préparation des volailles, du mouton ou du gibier, mais elle repousse aussi certains parasites, et s'avère tout à fait décorative grâce à son feuillage persistant. Ses feuilles froissées calment même les piqûres d'insectes !

QUELLES VARIÉTÉS ?

La sauge officinale type est la plus courante, mais on peut lui préférer la variété 'Icterina', à feuillage panaché, 'Tricolor', panachée également mais avec des nuances de pourpre, ou bien l'espèce *Salvia lavandulifolia*, pour son parfum plus intense.

QUEL POT ?

Un pot d'une vingtaine de centimètres de diamètre suffit à la sauge. Évitez-lui un contenant qui retient trop l'humidité et qui ne laisse pas respirer ses racines. Si elle le supporte en été, cela la rend plus sensible au froid en hiver ! Oubliez donc les récipients métalliques de récupération, les pots en plastique et tous les matériaux « imperméables ». Le bac en bois est en revanche le mieux approprié.

QUELLE TERRE ?

Comme la plupart des plantes aromatiques originaires de la région méditerranéenne, la sauge officinale avoue une nette préférence pour les sols secs et chauds, ou au moins très bien drainés, où

Bloc-notes

* **EXPOSITION** : ensoleillée, sud.
* **NOMBRE DE SACHETS** : 1 ou 2 plants pour l'année.
* **QUAND PLANTER** : en mars-avril.
* **TERRE** : bien drainée, légèrement calcaire.
* **DIMENSIONS DU POT** : 20 cm de diamètre.
* **QUAND RÉCOLTER** : 5 mois après la plantation, puis de mai à octobre.

Planter la sauge en godet ou en conteneur

On trouve bien sûr la sauge en vente sous forme de sachets de graines, mais il est toujours plus simple et plus rapide de passer par un sujet en plant, facile à trouver dans les rayons des jardineries ou dans les catalogues spécialisés. En achetant des plants en godets, vous leur laissez le temps de bien s'installer au cours de la première année, et vous pouvez commencer à récolter les premières feuilles au printemps suivant. Avec une plante en conteneur, il est même possible récolter deux mois après la plantation...

1 Faites tremper la sauge avec son godet ou son conteneur dans un seau d'eau tiède pendant une dizaine de minutes, afin de bien humecter le substrat de la motte avant la plantation. Pendant ce temps, disposez un lit de billes d'argile ou de graviers au fond du pot pour garantir un drainage efficace du substrat après chaque arrosage. Comptez une épaisseur de 1/5 de la hauteur du pot.

2 Remplissez avec le mélange terreux allégé de votre confection, jusqu'à 1 ou 2 cm du rebord du pot, puis faites un trou au milieu, destiné à accueillir la motte.

3 Sortez la sauge de son seau, retournez-la, retenez bien la plante avec les doigts entre les tiges, et retirez le contenant. Grattez les racines qui apparaissent en périphérie de la motte, avec une fourchette ou avec les doigts. Cette opération facilite la reprise.

4 Déposez la motte dans le trou. Le sommet de la motte doit être au niveau du terreau. Comblez de terreau autour de la motte. Tassez avec les doigts, sur le terreau ajouté pour bien le mettre en contact avec les racines.

5 Arrosez immédiatement au tuyau d'arrosage ou bien avec un arrosoir à long bec, mais sans pomme.

> SAUGE

l'eau ne s'accumule pas au niveau de ses racines. Le terreau habituel du commerce n'est donc pas vraiment le meilleur substrat…

Sachant qu'il s'agit d'une plante vivace que vous allez conserver plusieurs années sur le balcon, il vaut donc mieux lui confectionner un mélange approprié dès la plantation. Préparez-lui ainsi un mélange constitué de 50 % de terre de jardin (de préférence calcaire) prélevée dans le potager d'un ami, de 25 % de sable de Loire, et de 25 % de polystyrène ou de perlite. Vous obtiendrez alors un substrat léger et bien drainant qui lui conviendra parfaitement.

QUEL ENTRETIEN ?

La sauge peut rester dans le même pot plusieurs années durant. Après, il est préférable de remplacer la plante entière, ne serait-ce que pour renouveler aussi le substrat.

Au cours de l'année de sa plantation, il faut l'arroser une fois par semaine, mais par la suite, elle se contente de peu. Chaque année, à la fin de l'automne, taillez toutes les tiges à 11 ou 12 cm du terreau pour mieux contrôler le développement de la touffe,

puis retirez 1 ou 2 cm de terreau à la surface du pot, et remplacez-le par un compost bien mûr.

LES BONS MARIAGES

Comme la majorité des plantes aromatiques, la sauge vivace est appréciée par les autres plantes du balcon, car elle éloigne ou déroute certains parasites indésirables, et notamment les papillons. Elle se développe particulièrement bien en compagnie du romarin. Pourquoi ne pas les cultiver ensemble dans le même bac ?

LA RÉCOLTE

La récolte de la sauge vivace s'effectue au fur et à mesure des besoins, de mai jusqu'aux premières gelées. On prélève à la main ou avec un outil coupant les extrémités des pousses les plus tendres et les plus parfumées. La sauge fleurit en juin et juillet. Supprimez ces fleurs inutiles, pour favoriser la production de nouvelles pousses tendres pour la fin de la saison. Vous pouvez aussi faire sécher quelques pousses, cueillies avant la floraison, pour les besoins de l'automne et de l'hiver. Conservez les feuilles séchées entières (non broyées) dans un bocal de verre dans la cuisine.

S.O.S.

Ma sauge est toute rabougrie. La sauge craint les grands froids et, selon l'emplacement du balcon et son exposition au vent, elle peut ne pas supporter l'hiver. Veillez donc à intervenir préventivement, par exemple en entourant le pot de cartons, en le surélevant du sol sur un morceau de polystyrène, puis en couvrant la surface du terreau avec un produit de paillage.

Les petits plants de sauge achetés en godets sont de culture très facile. ▷

Si la sauge est utile pour parfumer certaines préparations, il faut également savoir l'utiliser pour faciliter la digestion de certains légumes. Il suffit ainsi de quelques feuilles ajoutées à l'eau de cuisson des fèves, haricots et autres plantes responsables de ballonnements, pour réduire, voire supprimer ces effets indésirables.

△ Quelques feuilles de sauge ajoutées à l'eau de cuisson des fèves et haricots en facilitent la digestion .

THYMUS VULGARIS

Thym

La Provence dans l'assiette...

On ne présente plus le thym, cette plante aromatique et condimentaire, symbole de la cuisine provençale ! Le thym forme un petit arbuste aux tiges ligneuses de 20 à 40 cm de haut, dressées et ramifiées. Ces tiges portent de petites feuilles persistantes, étroites et parfumées, vertes sur le dessus mais grisâtres sur leur face inférieure.

QUELLES VARIÉTÉS ?

Le thym de Provence est de loin le plus aromatique, mais il est très intéressant d'en cultiver plusieurs espèces ou variétés en fonction de leurs parfums, afin de varier les usages en cuisine… La saveur de *Thymus fragrantissimus* rappelle l'orange, *Thymus citriodorus* se rapproche du citron, alors que *Thymus herba-barona* évoque plutôt le cumin !

QUEL POT ?

Le thym n'est pas envahissant, et un pot d'une vingtaine de centimètres de diamètre lui suffit. Comme la sarriette, le thym déteste les excès d'humidité, et préfère de loin les terres sèches. Il végète dans un contenant qui retient trop l'humidité et qui ne laisse pas respirer ses racines. Installez-le plutôt dans un pot de terre cuite non peinte, ou dans un bac en bois.

QUELLE TERRE ?

Le thym préfère les sols secs, où l'eau ne s'accumule pas au niveau de ses racines. Le terreau standard du commerce est donc à proscrire ! Comme pour les autres plantes originaires du bassin méditerranéen, préparez-lui plutôt un mélange constitué de 50 % de terre de jardin (de préférence calcaire) prélevée dans un potager ami, et de 50 % de sable de Loire. Vous

Bloc-notes

* **EXPOSITION** : ensoleillée, sud.

* **NOMBRE DE SACHETS** : 1 sachet pour la saison, ou 1 à 5 plants pour l'année.

* **QUAND SEMER** : avril-mai.

* **QUAND PLANTER** : en mars-avril ou en septembre.

* **TERRE** : toute terre bien drainée.

* **DIMENSIONS DU POT** : 20 cm de diamètre.

* **QUAND RÉCOLTER** : 1 an après le semis, ou 2 mois après la plantation.

Planter le thym en godet ou en conteneur

Comme la sarriette vivace, le thym est disponible en sachet de graines, mais il est plus simple et plus rapide de passer par un sujet en plant, facile à trouver dans le commerce ou par correspondance chez les producteurs spécialisés.

1 Faites tremper le godet de thym dans un seau d'eau pendant une dizaine de minutes, afin de bien humecter le substrat de la motte avant la plantation.

2 Remplissez le pot avec le mélange terreux, jusqu'à 2 cm du rebord du pot, puis faites un trou au milieu, destiné à accueillir la motte.

3 Sortez le thym de son bain forcé, retournez-le, retenez bien la plante en passant les doigts entre les tiges, et retirez le conteneur.

4 Grattez les racines qui apparaissent en périphérie de la motte, avec une petite griffe de jardin. Déposez la motte dans le trou pour que son sommet soit 1 ou 2 cm en-dessous du niveau du pot pour faciliter l'arrosage ultérieur.

5 Comblez de terreau autour de la motte.

6 Tassez avec les doigts sur le terreau ajouté pour bien le mettre en contact avec les racines. Arrosez immédiatement avec un arrosoir à long bec mais sans pomme.

> THYM

LA RÉCOLTE

Le thym se récolte toute l'année, même en hiver ! Opérez au fur et à mesure de vos besoins, en prélevant les pousses les plus tendres et les plus parfumées avec une paire de ciseaux, un couteau affûté ou simplement à la main en cassant les tiges. Il est donc inutile de se donner la peine de le faire sécher pour l'hiver...

obtiendrez un substrat léger et bien drainant qui se réchauffera vite au moindre rayon du soleil, pour le plus grand bonheur du thym...

QUEL ENTRETIEN ?

Le thym peut rester dans son pot cinq ans environ. Après quoi, il vaut mieux le remplacer par une jeune plante, toujours plus réactive et vigoureuse à produire des jeunes rameaux parfumés. Hormis cet aspect, il est indispensable de l'arroser une fois par semaine au cours de l'année qui suit la plantation, pour favoriser l'implantation de ses racines dans leur nouvel environnement. Ensuite, ne l'arrosez qu'en cas de sécheresse avérée. À la fin de l'automne, retirez 1 ou 2 cm de terreau à la surface du pot et remplacez-le par un compost bien mûr.

LES BONS MARIAGES

Toutes les plantes du balcon apprécient la proximité du thym car son parfum puissant éloigne ou déroute certains parasites indésirables, et en particulier les papillons. Attention toutefois, on s'est aperçu qu'il inhibait la germination de certaines semences. Il est donc préférable de le cultiver à part dans un pot, plutôt que dans un grand bac appelé à recevoir éventuellement des semis...

Arrosez le thym avec parcimonie,
d'un simple passage de pomme d'arrosoir ! ▷

Tomate

Tuteurez vos tomates

Comme l'aubergine et le poivron, la tomate est une plante qui craint le gel. Sa culture est longue – cinq mois – et il est donc impératif de la semer à la maison ou en serre pour espérer obtenir des fruits dès juillet. Vous pouvez aussi acheter des plants qu'il suffit d'installer directement sur le balcon après les dernières gelées, en avril ou en mai.

QUELLES VARIÉTÉS ?

Il y a tant et tant de variétés de tomates qu'il est difficile de faire une sélection ! Parmi les variétés à petits fruits, dites cerises, les plus intéressantes sur un balcon, retenez au moins 'Apéro' et 'Piccolo', cette dernière présentant une peau plus fine. 'Tiny Tim' et 'Miniboy' ne dépassent pas 25 et 50 cm de haut, et sont particulièrement utiles en pot sans tuteur. Les amateurs de curiosités peuvent essayer 'Green Grape', aux fruits verts, ou encore 'Tumbling Tom Yellow', aux rameaux retombants et couverts de fruits jaune d'or, idéaux pour les suspensions.

Parmi les variétés classiques, il ne faut pas passer à côté de 'Gardener's Delight' et de 'Myriade' dont les fruits à la grosseur raisonnable sont de très bonne saveur.

Tomate
'Green Grape'. ▷

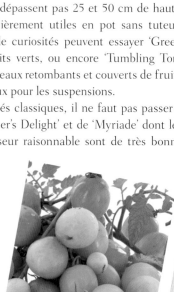

Bloc-notes

* **EXPOSITION** : plein soleil.

* **NOMBRE DE SACHETS** : 1 sachet pour la saison, ou bien 3 à 5 plants.

* **DIMENSIONS DU POT** : pot ou grand bac de 30 x 30 cm.

* **QUAND SEMER** : de février à avril.

* **TERRE** : humifère et fraîche.

* **QUAND RÉCOLTER** : 5 mois après le semis.

Réussir ses semis de tomates

Au nord de la Loire et dans les régions montagneuses, il faut attendre la fin mai pour les installer dehors. Le semis doit donc avoir lieu au mieux à la fin du mois de mars. Plus on descend vers le Midi, plus on peut sortir les plants de bonne heure, et donc semer d'autant plus tôt. Sur la Côte d'Azur, on la sème en février.

1 Remplissez des godets de tourbe de terreau pour semis et placez-les dans une miniserre chauffée, dans une pièce de la maison, ou sous la véranda si elle est chauffée.

2 & 3 Déposez 3 graines par godet, en triangle, espacées de 2 à 3 cm. Enfoncez-les avec le doigt de manière à les recouvrir de 1 cm de terreau bien tamisé.

4 & 5 Tassez avec les doigts, puis arrosez en pluie fine pour bien humecter le substrat.

6 Fermez la serre. La levée se produit en 6 à 8 jours. Approchez alors la miniserre d'une fenêtre.

Un mois plus tard, arrachez dans chaque godet les 2 plants les moins vigoureux afin de faciliter le développement de celui qui reste. Saisissez-les entre le pouce et l'index, par la base, puis soulevez-les simplement. Tassez avec les doigts autour du plant conservé, car il peut avoir été déraciné lors de l'arrachage des 2 autres. Arrosez immédiatement. Arrêtez le chauffage de la serre et gardez-la entrouverte en permanence.

> TOMATE

QUEL POT ?

La tomate ne pousse bien qu'en terre profonde et non tassée. Sur le balcon, il faut donc impérativement l'installer dans un grand bac, d'au moins 30 x 30 cm, avec une profondeur de terreau d'au moins 30 cm également, sans tenir compte de la couche drainante. La tomate aime les terres fraîches, mais redoute les sols trop humides. Il est donc sage de lui épargner les contenants aux parois imperméables, en métal ou en plastique, et plutôt de lui réserver ceux en bois ou en terre cuite.

QUELLE TERRE ?

La tomate apprécie les substrats frais et légers, qui surtout ne se tassent pas ! Offrez-lui donc un terreau « potager » ou « plantation » auquel vous aurez ajouté des billes de polystyrène pour un tiers du volume. Pour satisfaire son appétit, pour ne pas dire sa gourmandise pour le compost, préférez enfin les terreaux enrichis comme ceux des marques Or Brun ou Algo-Forestier. À défaut, incorporez votre propre compost maison au substrat, à raison de 25 % du volume total.

QUEL ENTRETIEN ?

Il suffit de maintenir le terreau frais pour que les plants poussent régulièrement. Ils ne doivent pas pousser trop vite, et prendre plutôt du diamètre que de la hauteur. Si toutefois les plants viennent à toucher le couvercle à moitié soulevé de la miniserre, ouvrez-la complètement. Deux semaines avant la période prévue pour l'installation en bac, sortez quotidiennement votre miniserre sur le balcon aux meilleures heures de la journée, afin d'endurcir les plants, et de rendre le passage de la maison au balcon moins traumatisant.

Installez vos plants dans leur bac définitif, avec leur godet de tourbe dont les parois doivent être déjà traversées par les racines. La surface du godet peut être enterrée de 2 ou 3 cm. Si le plant dépasse 20 cm de hauteur, vous pouvez même le coucher dans le trou de plantation, en ne laissant que la tête sortir du terreau. Des racines vont se développer sur la section de tige enterrée, renforçant la capacité de la plante à se nourrir. Elle sera donc plus productive.

La tomate a besoin d'espace et de lumière. Ne plantez donc rien à moins de 25 cm de chaque plant, et comptez 50 cm au minimum entre deux plants. Arrosez copieusement, au pied. Paillez pour maintenir la fraîcheur.

Sauf pour certaines variétés naines, fichez un tuteur au pied de chaque plant, pour attacher (sans serrer) la ou les tiges au fur et à mesure de leur développement. Préférez les structures en obélisques : elles sont en effet, toujours plus stables que les tuteurs uniques, qui finissent souvent par se coucher, faute d'ancrage suffisant dans le terreau.

LA RÉCOLTE

Comptez environ 5 mois entre le semis et le début de la récolte. C'est-à-dire que vous pouvez effectuer votre première cueillette en juillet. Cueillez les tomates au fur et à mesure des besoins, quand elles sont bien colorées. Saisissez les gros fruits dans le creux d'une main et posez le pouce sur le renflement de son pédoncule. Faites basculer le fruit vers le haut, cela suffit à rompre le pédoncule. Cueillez les tomates cerises en grappillant ou en coupant la grappe entière avec un sécateur.

▽ Plantez toujours un œillet d'Inde au pied de chaque tomate, pour un effet garde du corps.

> TOMATE

LES BONS MARIAGES

La tomate est une bonne compagne pour le basilic (qui se consomme en même temps), le persil, les carottes, la mâche… En revanche, il faut lui éviter la proximité des plantes de la famille des Cucurbitacées qui semblent perturber sa croissance. Des œillets d'Inde plantés à son pied agissent comme un répulsif contre certains vers qui peuvent être présents dans le sol.

L'ASTUCE CUISINE

Comme tous les légumes fruits, les tomates sont meilleures si elles sont consommées dans les quelques heures qui suivent la récolte. Le balcon étant généralement proche de la cuisine ou du salon, ce sont les conditions idéales pour savourer les tomates fraîches cueillies et juste passées sous l'eau ! Invitez même les convives à aller cueillir directement leur plat...

S.O.S. Une branche s'est cassée sous le poids des tomates... Cela arrive souvent au jardin avec les variétés à gros fruits. Sur le balcon, c'est plutôt le vent qui peut être à l'origine de cette rupture. Ce n'est pas grave, cueillez les fruits qui ne sont pas mûrs et alignez-les sur une étagère du balcon, en plein soleil. Ils finiront de mûrir ainsi, même s'ils perdent un peu de saveur puisqu'ils ne sont plus alimentés par la plante.

Ne taillez jamais les plants de tomates cerises pour obtenir davantage de fruits. ▷

Le calendrier
du potager au balcon

Janvier			
• Acheter le terreau et les matériaux de drainage et d'allègement, et les stocker à l'abri du gel.	• Nettoyer et désinfecter les contenants vides des années précédentes.	• Préparer les nouveaux contenants (drainage, roulettes…).	• Récolter le laurier.

Février			
• Vérifier le stock de godets de tourbe. • Préparer le mélange terreux pour l'aubergine.	• Semer le chou pommé sous miniserre chauffée.	• Semer la fève sur le balcon. • Semer le poivron sous miniserre chauffée.	• Semer la tomate sous miniserre chauffée. • Récolter le laurier.

Mars			
• Préparer le mélange terreux pour les carottes. • Semer l'aubergine sous miniserre chauffée. • Semer le chou pommé sous miniserre chauffée.	• Semer la ciboulette. • Semer la fève sur le balcon. • Semer la menthe. • Semer le persil. • Semer le pois.	• Semer le poivron sous miniserre chauffée. • Semer les radis de tous les mois. • Semer la tomate sous miniserre chauffée.	• Planter le laurier. • Planter le romarin. • Planter la sauge. • Récolter le laurier. • Récolter le romarin.

Avril			
• Préparer le mélange terreux pour les betteraves. • Semer les carottes. • Semer la ciboulette. • Semer la courgette en miniserre. • Semer les haricots grimpants. • Semer la laitue. • Semer la menthe.	• Semer le persil. • Semer la poirée. • Semer les pois. • Semer le poivron sous miniserre chauffée. • Semer les radis de tous les mois. • Semer la sarriette. • Semer le thym. • Semer la tomate sous miniserre chauffée.	• Planter le basilic. • Planter le chou pommé semé en février. • Planter le laurier. • Planter le romarin. • Planter la sauge. • Planter la tomate semée en février. • Récolter le laurier. • Récolter les radis de tous les mois semés en mars.	• Récolter le romarin. • Récolter la sarriette plantée en octobre. • Récolter le thym semé au printemps de l'année précédente. • Récolter le thym planté en conteneur à l'automne.

Mai			
• Placer un paillage à la surface du terreau de tous les pots.	• Semer ou planter la menthe.	• Planter la ciboulette.	• Récolter la sarriette plantée en conteneur en octobre.
• Semer les betteraves directement dans leur bac.	• Semer ou planter le persil.	• Planter le poivron en bac.	• Récolter la sauge plantée en godet au printemps de l'année précédente.
• Semer les carottes.	• Semer la poirée.	• Planter la tomate semée en mars ou achetée en plants.	
• Semer la courgette directement sur le balcon, ou planter la courgette semée en avril.	• Semer le pois.	• Récolter la fève semée en février.	• Récolter le thym semé au printemps de l'année précédente.
	• Semer les radis de tous les mois.	• Récolter les fraises.	
	• Semer le thym.	• Récolter le laurier.	• Récolter le thym planté en conteneur à l'automne.
• Semer les haricots grimpants.	• Planter les aubergines dans leur bac.	• Récolter le romarin.	
• Semer la laitue.	• Planter le basilic.	• Récolter les radis de tous les mois semés en avril.	
	• Planter le chou pommé semé en mars, ou directement acheté en plant.		

Juin			
• Prévoir des systèmes d'ombrages pour les balcons exposés plein sud.	• Récolter le basilic.	• Récolter le laurier.	• Récolter la sauge plantée en godet au printemps de l'année précédente.
	• Récolter la courgette semée en miniserre en avril.	• Récolter le persil semé en mars.	
• Tailler les pieds d'aubergines au-dessus de la deuxième fleur.	• Récolter le chou pommé semé en février.	• Récolter le pois semé en mars.	• Récolter le thym semé au printemps de l'année précédente.
• Semer les carottes.	• Récolter la fève semée en février.	• Récolter les radis de tous les mois semés en mai.	
• Semer les haricots grimpants.		• Récolter le romarin.	• Récolter le thym planté en conteneur à l'automne.
• Semer la laitue.	• Récolter les fraises.	• Récolter la sarriette plantée en conteneur en octobre.	
• Semer les radis de tous les mois.	• Récolter la laitue semée en avril.		

Juillet			
• Installer un récupérateur d'eau de pluie sur la descente de gouttière.	• Semer la laitue.	• Récolter le chou pommé semé en mars.	• Récolter la fève semée en mars.
	• Semer la mâche.		
• Semer les carottes.	• Semer les radis de tous les mois.	• Récolter la ciboulette.	• Récolter les fraises.
• Semer les haricots grimpants.	• Récolter le basilic.	• Récolter la courgette semée en mai.	• Récolter les haricots grimpants semés en avril
	• Récolter les carottes semées en avril.		

Juil. (suite)	• Récolter la laitue semée en mai. • Récolter le laurier. • Récolter le persil semé en mars et avril. • Récolter la poirée semée en avril.	• Récolter le romarin. • Récolter la sarriette plantée en conteneur en octobre.	• Récolter la sauge plantée en godet au printemps de l'année précédente.	• Récolter le thym semé au printemps de l'annnée précédente. • Récolter le thym planté en conteneur à l'automne. • Récolter la tomate semée en février
Août	• Semer la laitue. • Semer la mâche. • Semer les radis de tous les mois. • Planter les fraisiers. • Commencer la récolte des aubergines. • Récolter le basilic. • Récolter les carottes semées en mai. • Récolter la ciboulette. • Récolter la courgette semée en mai.	• Récolter la fève semée en mars. • Récolter les fraises. • Récolter les haricots grimpants semés en mai. • Récolter la laitue semée en juin. • Récolter le laurier. • Récolter la menthe semée en mars. • Récolter le persil semé en mars à mai. • Récolter la poirée semée en mai.	• Récolter le pois semé en mai. • Récolter le poivron semé en mars. • Récolter les radis de tous les mois semés en juillet. • Récolter le romarin • Récolter la sarriette plantée en conteneur en octobre. • Récolter la sauge plantée en godet au printemps de l'année précédente.	• Récolter la sauge plantée en conteneur en mars. • Récolter le thym semé au printemps de l'année précédente. • Récolter le thym planté en conteneur à l'automne. • Récolter la tomate semée en février et en mars.
Septembre	• Semer la laitue. • Semer la mâche. • Semer les radis • Planter le fraisier. • Planter le thym. • Commencer la récolte des betteraves. • Récolter le basilic.	• Récolter les carottes semées en juin. • Récolter la ciboulette. • Récolter la courgette semée en mai. • Récolter les haricots grimpants semés en juin.	• Récolter la laitue semée en juillet. • Récolter le laurier. • Récolter la menthe semée en avril. • Récolter le persil. • Récolter le poivron semé en avril.	• Récolter les radis de tous les mois semés en août. • Récolter le romarin. • Récolter la sarriette semée en avril. • Récolter la sarriette plantée en conteneur en octobre.

Sept.(suite)			
• Récolter la sauge plantée en godet au printemps de l'année précédente.	• Récolter la sauge plantée en mars et avril. • Récolter le thym semé au printemps de l'année précédente.	• Récolter le thym planté en godet à l'automne de l'année précédente.	• Récolter la tomate semée en mars et en avril.
Octobre			
• Fermer la vanne d'alimentation du robinet extérieur, pour mise hors-gel. • Placer les plantes vivaces frileuses dans la serre de balcon. • À défaut, les protéger avec des cartons, ou du voile d'hivernage. • Rentrer à l'abri du gel tuyaux, arrosoir et pulvérisateur.	• Placer une bouteille en plastique lestée de sable dans le bac de récupération d'eau de pluie. • Planter les fraisiers. • Planter la sarriette. • Récolter le basilic. • Récolter les carottes semées en juillet. • Récolter la ciboulette. • Récolter les haricots grimpants semés en juillet.	• Récolter le laurier. • Récolter la mâche semée en juillet. • Récolter la menthe semée en mai. • Récolter le persil. • Récolter les radis de tous les mois semés en septembre. • Récolter le romarin. • Récolter la sarriette plantée en conteneur en octobre.	• Récolter la sauge plantée en godet au printemps de l'année précédente. • Récolter la sauge plantée en mars et avril. • Récolter le thym semé au printemps de l'année précédente. • Récolter le thym planté en godet à l'automne de l'année précédente.
Novembre			
• Installer un robinet perceur dans son logement. • Poser des crochets et patères pour les suspensions de l'an prochain.	• Débarrasser les treillages du feuillage sec des plantes grimpantes annuelles.	• Récolter la mâche semée en août. • Récolter la ciboulette.	• Récolter le laurier. • Récolter le persil. • Récolter le romarin.
Décembre			
• Prendre connaissance des réglementations en vigueur.	• Vider le terreau usagé des contenants libérés de leurs légumes. • Poser de nouveaux treillis sur les murs.	• Commander les engrais auprès des spécialistes.	• Récolter la mâche semée en septembre. • Récolter le laurier.

Index

Les chiffres en gras renvoient aux fiches descriptives.

Remerciements

L'auteur remercie particulièrement les fournisseurs suivants pour leur aide à la réalisation de cet ouvrage :

Algoflash c/o Compo, 0810 63 82 19 ou www.algoflash.fr (Terreau)
  Algo-Forestier c/o 4 Vaulx Jardin, 02 96 82 70 71
ou http://fibralgo-algoforestier-paillage-compost-bio.fibralgo.fr/ (Terreau)
Baumaux, 03 83 15 86 86 ou www.baumaux.com (Semences)
CP-Jardin, 03 27 66 97 12 (Produits bio)
Devaux, 04 74 01 21 00 ou www.devaux.fr (Outils)
Falienor, 02 41 52 51 71 ou www.falienor.com (Terreau)
Florendi, 02 99 16 10 20 ou www.florendi.com (Terreau)
Forest Style, 03 20 28 25 25 ou www.forest-style.com (Bacs)
Gardena c/o Husqvarna Consumers Products, 08 26 10 14 55 ou www.gardena.fr
  (Tuyau poreux, prise voleuse…)
Hozelock, 01 41 39 56 82 ou www.hozelock-tricoflex.com (Terminaux d'arrosage)
Intermas, 02 43 64 14 14 ou www.intermas.com (Tuteurs, voiles)
Jardin express, 03 22 85 77 44 ou www.jardinexpress.fr
  (Mini plants + paillage Humiwool)
Magellan, 0891 670 003 ou www.magellan-bio.fr (Terreau + engrais bio)
Mermier, 02 33 62 20 20 ou www.mermier.com (Outils)
Novajardin, 04 91 24 45 61 ou www.novajardin.fr (Terreau)
Or Brun, 02 47 74 50 90 ou www.or-brun.com (Terreau)
Ribimex, 01 60 34 56 77 ou www.ribimex.com (Tuyau poreux)
Romberg, 01 46 26 06 18 ou http://romberg.de/fr
  (Mini-serre, godets de tourbe…)
Tourly, 02 48 24 44 21 ou www.tourly.com (Plants)
Water Tube c/o Naturabilis, 02 40 48 25 63
  ou joelle.delatullaye@naturabilis.fr (Système protecteur Kang'o)
Wolf, 03 88 94 19 10 ou www.outils-wolf.com (Outils)

Bon à savoir

Le GNIS (Groupement National Interprofessionnel des Semences et plants) édite une brochure bien faite, Le balcon gourmand, qui donne des conseils utiles pour installer un potager sur son balcon. Cette brochure est disponible au Gnis (44, rue du Louvre, 75001 Paris), mais il est également possible de la télécharger à partir du site www.gnis.fr en cliquant depuis la page d'accueil sur « Publications » puis « Jardinier amateur ».

Crédits photographiques

Photogravure Nord Compo, Villeneuve d'Ascq
Imprimé en Espagne par Graficas Estella, Estella
Dépôt légal : mars 2009
302364/02-11009664 juin 2009

8 BASIC RULES
FOR NEWLYWEDS

1. Don't think you're the only couple in the world who ever had conflicts during the first year.

2. Go to a doctor if your sex life isn't satisfactory.

3. Don't establish a fixed pattern for seeing your in-laws. Visit them only as you would friends — when you want to see them.

4. Don't think that all your interests have to be exactly alike. It's all right to be different.

5. Don't feel you have to get the "upper hand" in marriage. Marriage is a partnership, not a struggle for power.

6. Work out a realistic budget and stick to it.

7. Don't harbor a grievance.

8. Expect trouble. Remember, the most dangerous year of marriage is the first.

From *Look* Magazine, September 13, 1949